Fundamentos de
Gestão do Design

Obra originalmente publicada sob o título
The Fundamentals of Design Management
ISBN 978-2-940411-07-8

Copyright © AVA Publishing SA 2010
Design de Anne Odling-Smee e John F. McGill

Produzido por AVA Book Production Pte. Ltd., Cingapura
Tel: +65 6334 8173
Fax: +65 6259 9830
Email: production@avabooks.com.sg

Capa: *Flávia Hocevar*, arte sobre capa original

Leitura final: *Sandro Andretta*

Gerente editorial – CESA: *Arysinha Jacques Affonso*

Editora responsável por esta obra: *Mariana Belloli*

Editoração eletrônica: *Techbooks*

B561f   Best, Kathryn.
       Fundamentos de gestão do design / Kathryn Best ; tradução: André de Godoy Vieira ; revisão técnica: Antonio Roberto Oliveira. – Porto Alegre : Bookman, 2012.
       208 p. : il. color. ; 20,5 x 23.

       ISBN 978-85-407-0146-5

       1. Administração – Gestão de design – Fundamentos. I. Título.

       CDU 658.512.2

Catalogação na publicação: Fernanda B. Handke dos Santos – CRB 10/2107

Reservados todos os direitos de publicação, em língua portuguesa, à
BOOKMAN EDITORA LTDA., divisão do GRUPO A EDUCAÇÃO S.A.
Av. Jerônimo de Ornelas, 670 – Santana
90040-340 – Porto Alegre – RS
Fone: (51) 3027-7000   Fax: (51) 3027-7070

É proibida a duplicação ou reprodução deste volume, no todo ou em parte, sob quaisquer formas ou por quaisquer meios (eletrônico, mecânico, gravação, fotocópia, distribuição na Web e outros), sem permissão expressa da Editora.

Unidade São Paulo
Av. Embaixador Macedo Soares, 10.735 – Pavilhão 5 – Cond. Espace Center
Vila Anastácio – 05095-035 – São Paulo – SP
Fone: (11) 3665-1100   Fax: (11) 3667-1333

SAC 0800 703-3444 – www.grupoa.com.br

IMPRESSO EM CINGAPURA
PRINTED IN SINGAPORE

Kathryn Best

Fundamentos de Gestão do Design

Tradução:
André de Godoy Vieira

Revisão técnica:
Antonio Roberto Oliveira
Mestre em Branding pela Universidade de São Paulo
Coordenador do MBA Branding – Gestão de Marcas e
do Curso de Gestão Criativa das Faculdades Integradas Rio Branco
Professor de Design e Branding da Universidade Mackenzie

bookman

2012

| Como aproveitar ao máximo este livro | 6 |
| Introdução | 8 |

1

Contexto do design — 10

Cultura de design e cultura empresarial — 12
Finanças, tecnologia e legislação — 14
Sociedade, política e meio ambiente — 16
Demandas do mercado e necessidades dos usuários — 18
Auditorias de design, briefings e propostas — 20
Pessoas — 26
Projetos — 30
Produtos e serviços — 34

2

Visão geral do design — 38

O poder do design — 40
Design e sociedade — 42
Projetos de design — 44
O processo de design — 46
Habilidades de design — 48
Planejamento — 50
Gestão de projetos — 52
O sucesso do projeto de design — 54

Estudo de caso

Legible London: uma nova maneira de caminhar pela capital do Reino Unido — 56

Perspectivas contextuais

Sorena Veerman — 62
Wen-Long Chen — 64
Dr Miles Park — 66

3

Visão geral da gestão — 68

Economia — 70
Negócios e empreendimentos — 74
O processo de gestão — 78
Planejamento de negócios e corporativo — 82
Prática de gestão — 86
Administração da empresa — 90
Sucesso da empresa — 92

Estudo de caso

MAS Holdings: varejo ético e empreendedor — 94

Perspectivas contextuais

Ruedi Alexander Müller-Beyeler — 100
Joshua L. Cohen — 102
Kevin McCullagh — 104

4

Contabilidade e finanças — 106
A organização financeira — 108
Contabilidade financeira — 110
Relatórios financeiros — 112
Contabilidade gerencial — 114
Medindo o desempenho — 120
Medindo o valor do design — 122

Estudo de caso
Phelophepa Healthcare Train: proporcionando valor — 126

Perspectivas contextuais
Philip Goad — 130
Thomas Lockwood — 132
Krzyzstof Bielski — 134

5

Marketing e comunicação de marca — 136
Usuários, clientes e mercados — 138
Entendendo a produção e o consumo — 140
Marketing — 144
Comunicações de marketing — 148
Branding — 150
Comunicação de marca — 152
Visão, valores e marcas — 154

Estudo de caso
Zipcar: a visão que conduz a maior locadora de carros por hora do mundo — 156

Perspectivas contextuais
Robert Malcolm — 160
Naoko Iida — 162
Audrey Arbeeny — 164

6

Design e inovação — 166
Design, gestão e inovação — 168
Inovação baseada no design — 170
Inovação baseada na marca — 172
Gestão do design para corporações — 174
Gestão do design para pequenas e médias e empresas — 180

Estudo de caso
Philips Design: design para uma sociedade sustentável — 182

Perspectivas contextuais
Matt Barthelemy — 188
Sonja Dahl — 190
Simon May — 192

Conclusão — 194
Glossário — 195
Bibliografia e recursos — 196
Créditos das imagens — 198
Agradecimentos — 199

Trabalhando com ética — 201

Como aproveitar ao máximo este livro

Títulos de seção
Apresentam um esboço dos principais conceitos e ideias explorados no capítulo.

Legendas
Fornecem informação contextual sobre as imagens e ajudam a relacionar as ilustrações com os conceitos fundamentais discutidos no texto.

Diagramas
Ajudam a explicar em mais detalhe a teoria da gestão do design e sua aplicação prática.

Navegação
Os rodapés ajudam a identificar a unidade do capítulo em que você se encontra, bem como as seções que a precedem e sucedem.

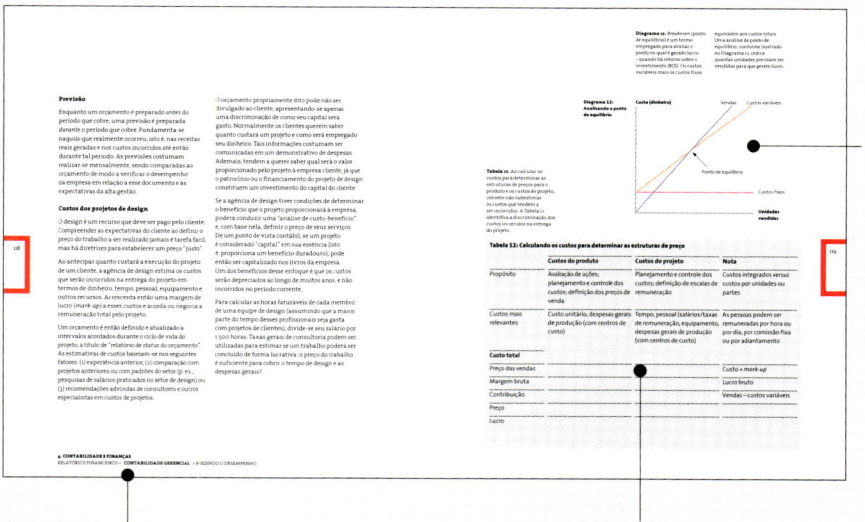

Tabelas e caixas
Contêm mais informações detalhadas e contextuais acerca das práticas e conceitos abordados no texto.

Estudos de caso
Permitem explorar os conceitos e ideias discutidos em cada capítulo a partir de um exame de sua aplicação prática.

Fundamentos de Gestão do Design tem por propósito apresentar um panorama da gestão do design de forma facilmente digerível, mas ao mesmo tempo informativa e interessante, valendo-se do conhecimento e da experiência de diversos profissionais da área. Entrevistas com figuras centrais de diferentes segmentos criativos da indústria trazem à tona todo o seu conhecimento em gestão do design, pondo em perspectiva diferentes métodos de trabalho a partir de exemplos práticos.

Os estudos de caso apresentados ao final dos Capítulos 2 a 6 possibilitam explorar as ideias, as habilidades e os conhecimentos aprendidos no curso de cada capítulo. Este livro proporcionará ao leitor uma base sólida para o estudo da gestão do design, sendo também interessante aos profissionais ansiosos por adquirir conhecimentos teóricos e práticos acerca dessa disciplina.

Codificação de cores
Permite transitar facilmente pelos capítulos.

Perspectivas contextuais
Entrevistas com profissionais da indústria focalizam e reforçam temas fundamentais.

Introdução

Gestão do design é o gerenciamento bem-sucedido de pessoas, projetos, processos e procedimentos que estão por trás da criação dos produtos, serviços, ambientes e experiências que fazem parte de nossa vida diária.

Envolve também a gestão das relações entre diferentes disciplinas (como design, gestão, marketing e finanças) e diferentes papéis (clientes, designers, equipes de projeto e *stakeholders*).

A indústria criativa (também conhecida como "economia criativa") inclui as áreas de design, artesanato, publicidade, arquitetura, moda, cinema, música, TV, rádio, artes cênicas, produção editorial e software interativo. As atuais tendências globais relacionadas à criatividade nos segmentos de design identificam essa indústria como um dos setores que mais crescem no mundo e um dos melhores veículos para ampliar a vantagem competitiva entre as empresas comerciais e mesmo entre os países. Além disso, há uma crescente demanda por um enfoque mais holístico do impacto cultural, ambiental, político e social produzido pelo *modus operandi* das empresas comerciais e outras organizações. E como o design, por sua própria natureza, trata da solução de problemas a partir de uma perspectiva centrada nas pessoas, proporciona uma abordagem mais integrativa e holística para a solução dos desafios contemporâneos "mundiais".

O design não funciona isolado de outras disciplinas e profissões, mas associado a uma ampla variedade de condições. O contexto externo em que está inserido é evidente nas empresas, na sociedade, na tecnologia, na política e no ambiente. É evidente também em sua relação com os universos do marketing, da gestão, da engenharia, das finanças, do direito e da economia. Seu contexto interno inclui o modo como o *branding* e a inovação, a pesquisa de usuários e de mercado, os *briefings* de clientes e as auditorias de projeto, os orçamentos e as equipes, as metas e os objetivos de projeto podem ser alavancados para tirar o máximo proveito da atividade de design em prol das empresas, da sociedade e da economia.

Gerenciar a atividade de design para que tenha um impacto positivo e atue holisticamente em relação a todos esses contextos internos e externos, disciplinas e funções, relações e conexões é um dos principais desafios enfrentados por quem aprende e trabalha no contexto atual do design, das empresas e das indústrias criativas.

O design está presente de forma tangível – nas pessoas, nos projetos e nos produtos e serviços que fazem parte de nossa experiência cotidiana. São os chamados "pontos de contato" do design, elementos que influenciam em grande medida a visão dos designers e gestores acerca, por exemplo, da maneira como as pessoas percebem uma organização ou uma marca.

Mas o design também está presente de forma intangível nos processos de trabalho e nas relações interdisciplinares que fazem parte da natureza integrativa de sua prática:

• o modo como gerenciamos as relações entre pessoas – os clientes, as consultorias de design, os *stakeholders* e os usuários finais ou clientes.

• o modo como organizamos as equipes, os processos e os procedimentos de um projeto de produto.

• o modo como levamos os produtos e serviços ao mercado – a ligação dos sistemas, dos lugares e da entrega final de uma experiência de consumo projetada e gerenciada.

Levar qualquer produto, serviço ou experiência ao mercado requer, quase sempre, o apoio e a contribuição de muitas pessoas com conhecimentos, competências e habilidades em domínios diferentes. E a maneira como essas pessoas, processos e projetos são gerenciados pode contribuir decisivamente para o sucesso, ou fracasso, do produto final. A preocupação do estudo da gestão do design é determinar como reunir todas essas pessoas, projetos e processos de forma interdisciplinar e colaborativa, dentro de um contexto empresarial, social, político e ambiental mais amplo, levando em conta uma série de considerações para formar uma experiência coerente, financeiramente viável e produzida com prazer.

Um dos aspectos mais valiosos da gestão do design como abordagem é permitir que novos processos sejam implicitamente integrados aos sistemas e metodologias em vigor. O design é um processo de resolução de problemas em que um "problema" de design é também uma "oportunidade" de design, permitindo, se necessário, considerar um novo enfoque ou empenhar diferentes *stakeholders* na busca de uma solução. Exemplo disso é o número cada vez maior de tendências presentes nas áreas de codesign, design inclusivo/universal (que leva em conta as necessidades de um leque mais amplo de pessoas) e design para a sustentabilidade (em que é considerado seu impacto a longo prazo).

Além disso, cada vez mais se espera que os designers colaborem com outros especialistas (profissionais de marketing, engenheiros, cientistas sociais), haja vista a necessidade de compreender o contexto mais amplo em que opera o design (empreendimentos comerciais, desafios sociais, etc.). Suas contribuições para um dado projeto podem ser feitas individualmente, como parte de um esforço multidisciplinar ou, ainda, como parte de um processo maior de trabalho colaborativo ou coletivo possibilitado por novas tecnologias.

> 1

Contexto do design

Cultura de design e cultura empresarial

O design e as empresas têm suas próprias culturas: suas crenças, valores e pressupostos, evidenciados na forma como avaliam o sucesso e naquilo que consideram importante. Tal distinção por vezes pode provocar um "choque de culturas". Para exercer maior influência nas indústrias criativas, compreender melhor os desafios e as oportunidades inerentes às diferentes culturas organizacionais constitui uma notável vantagem.

As indústrias criativas estão fundamentalmente interligadas. Os designers precisam conhecer os tradicionais processos e práticas comerciais e gerenciais das organizações, bem como a forma dependente como se relacionam e operam diferentes empreendimentos. Da mesma forma, as empresas precisam conhecer os processos e práticas de design específicos e interdisciplinares, bem como seu potencial para fomentar mudanças.

Atualmente, muitas culturas empresariais não compreendem o valor ou a necessidade de investir tempo e dinheiro no processo de design. Por sua vez, muitos profissionais do design não sabem como justificar o valor de sua atividade. Com efeito, "os clientes não sabem como comprar o design, e os criativos não sabem como vendê-lo" (Loglisci, 2009). A depreciação do processo de design por ambas as partes desvaloriza a profissão do design. Adotar um enfoque responsável para esclarecer a diferença entre as práticas da empresa e da atividade de design é um bom começo.

Design

O design é um processo de resolução de problemas centrado nas pessoas. Em sua forma verbal, o termo design tem o sentido de planejar, desenhar, criar, conceber. É um processo, uma prática e um modo de pensar. Como substantivo, possui forma e função: é o resultado do processo de design. Os profissionais de design atuam dentro das empresas, sejam elas clientes (nesse caso, como profissionais ligados a funções e departamentos organizacionais estabelecidos) ou agências/consultorias (integrando equipes de projeto multidisciplinares ou de uma única disciplina). Os designers atuam também como *freelancers*, trazendo seu conhecimento para projetos tanto dentro como fora das organizações. O papel do design consiste em alargar seu escopo de modo a englobar mais áreas, utilizando sua abordagem centrada em pessoas para transpor as tradicionais fronteiras funcionais, tanto pelo lado do cliente como pelo lado da agência.

Exemplos de disciplinas de design: design gráfico, design de embalagens, design de produto, design industrial, design de interiores/ambiental, design de mídia digital/web, design de serviços, design de experiência.

Funções típicas da consultoria em design: design/criação, gestão e direção de contas, consultoria empresarial/estratégica, gestão de projetos, finanças, administração, RP/marketing.

Funções típicas da atividade de design em empresas clientes: design, desenvolvimento de produtos/serviços, comunicações de marca, comunicações de marketing, pesquisa e desenvolvimento, tecnologia/TI.

Gestão

O termo "gestão" refere-se às pessoas e processos envolvidos no gerenciamento, na organização, no controle e na administração de uma empresa. Frequentemente, o mundo da empresa e da gestão, centrado nas recompensas financeiras e nos incentivos para a geração de lucros, colide com o processo de resolução de problemas do design, centrado nas pessoas.

As vantagens do design podem se perder se não forem protegidas dos tradicionais controles e incentivos gerenciais; por outro lado, o design necessita da proteção e das restrições de uma estrutura gerencial eficiente e efetiva.

Empresa

Uma empresa é um empreendimento comercial legalmente reconhecido, estabelecido com o propósito de fornecer produtos e serviços para consumidores ou organizações. É uma entidade com fins lucrativos, concebida para gerar retornos financeiros em troca do trabalho realizado, do tempo gasto e dos riscos corridos. Empresas viáveis satisfazem as necessidades do mercado e geram lucros, diferentemente daquelas que contraem dívidas e terminam por fechar as portas.

Eis as estruturas empresariais mais comuns:

Empresa individual: empresa pertencente a uma única pessoa, responsável exclusiva por sua gestão e por seus lucros ou dívidas. Pode tanto empregar como trabalhar em parceria com outros indivíduos.

Sociedade: empresa pertencente a duas ou mais pessoas que dividem igualmente lucros e prejuízos. Compartilham a responsabilidade total, pessoal e ilimitada da sociedade, bem como de quaisquer dívidas contraídas. Podem ser gerais, ilimitadas ou limitadas.

Empresa de responsabilidade limitada (privada ou pública): opera de modo semelhante às sociedades, mas seus proprietários não são pessoalmente responsáveis pelo empreendimento.

Corporação: empresa legalmente independente de seus proprietários (os acionistas, que têm responsabilidade limitada). Supervisionada por um conselho de diretores, que contratam gestores para administrar o empreendimento. Os ativos e passivos pertencem à corporação, não a seus proprietários.

Cooperativa: composta por membros (em vez de acionistas) que compartilham a responsabilidade pelas decisões.

Exemplos de setores empresariais: varejo, imóveis, transporte, serviços públicos, produção, finanças, agricultura, segmentos de serviços profissionais ou indústrias criativas.

Exemplos de funções empresariais: recursos humanos, finanças, vendas e marketing, RP/comunicações, TI, operações, compras, pesquisa e desenvolvimento.

Temperamentos no design e na gestão: os indivíduos, e as profissões como um todo, tendem a pensar de forma particular; compreender esses diferentes enfoques (abaixo) é um aspecto importante para um gestor de design.

Hemisfério cerebral direito – analítico, estruturado, linear, compartimentalizante, decisivo, controlado.

Hemisfério cerebral esquerdo – holístico, não estruturado, iterativo, assimilativo, questionador, intuitivo.

Finanças, tecnologia e legislação

Potencializar o impacto do design exige conhecer as áreas que passam atualmente por mudanças – áreas como tecnologia, finanças e legislação – e, por conseguinte, adotar novos processos. A tecnologia tem proporcionado um estreitamento das relações entre os usuários (e o modo como participam) e o conteúdo (e o modo como é desenvolvido). O termo "Web 2.0" descreve uma série de abordagens de design baseadas em tecnologia, como software de código aberto e conteúdo gerado pelo usuário, evidenciadas em ofertas como eBay, YouTube e Wikipédia. Essas abordagens estão mudando também o modo como nos relacionamos, gerenciamos e interagimos com nossos sistemas legais e financeiros, bem como a maneira como esses sistemas estão respondendo com, por exemplo, novos modelos de propriedade intelectual e direitos digitais, e também com novas interpretações do conceito e significado de capital financeiro. Um bom ponto de partida para compreendermos a maneira como pensamos o design em relação a esses sistemas é examinar os conceitos de finanças, tecnologia e legislação.

Finanças

As finanças lidam com a gestão do dinheiro, isto é, com sua provisão e captação, bem como com a gestão da relação entre dinheiro, tempo e risco.

A forma de dinheiro mais aceita universalmente é o *cash*, o dinheiro vivo, "em espécie" – cédulas, moedas e depósitos em conta-corrente –, mas, na realidade, o dinheiro pode ser qualquer coisa que se aceite prontamente como forma de pagamento ou troca de valores.

Os intermediários que oferecem crédito (*empréstimos*) para facilitar financiamentos (*dinheiro*) denominam-se bancos. Os bancos intermediam a negociação entre credores (*que cobram juros*) e mutuários (*que pagam juros*). Administram, a exemplo de outras instituições financeiras similares, os ativos financeiros e os riscos inerentes à negociação de ativos (*investimentos*), capital (*títulos e ações*), dívidas/garantias (*obrigações*) e seguros (*contra perdas*), em bolsas de valores (*instalações de negociação para corretores de títulos*) de todo o mundo.

No setor de serviços financeiros, o dinheiro constitui "um símbolo de prosperidade" (Boyle, 2003), trocado na forma de números abstratos – sejam moedas, ações, títulos ou obrigações. Esses fluxos digitais de dinheiro e capital intangíveis formam o sistema financeiro. Segundo Boyle, o dinheiro originou-se como uma espécie de presente ritual – um expediente para selar a paz. Destinado inicialmente a promover o reconhecimento mútuo e facilitar as relações humanas, só mais tarde veio a constituir um instrumento de negociação. Nosso atual sistema financeiro, contudo, substituiu as relações humanas por relações monetárias.

1. O Co-operative Bank, com sede no Reino Unido, segue uma Política Ética orientada pelo cliente: não investe em empresas que atuem em áreas de interesse dos seus clientes. Já o Co-operative Investments e o Co-operative Insurance adotam um enfoque diferente, ouvindo as opiniões dos clientes, expressas em suas Políticas de Engajamento Ético, e utilizando sua influência como acionistas corporativos para mudar grandes empresas desde dentro.

1

The co-operative bank
good with money

Atualmente, há necessidade de uma forma mais justa de capitalismo e de um sistema financeiro que pense a longo prazo. Decisões de curto prazo – por mais rentáveis que sejam para negociantes de ações e acionistas – muitas vezes trazem consequências de longo prazo que, ao fim e ao cabo, podem prejudicar comunidades e outros *stakeholders*.

Tecnologia

O contexto do design, da gestão, da criatividade, da inovação e dos negócios tem sido revolucionado pelas tecnologias de informação e comunicação (ICT). Com efeito, a computação digital está plenamente incorporada não só a software e hardware, como também à estrutura, aos comportamentos e ao fluxo de nossa existência cotidiana. Globalmente, as tecnologias e inovações tecnológicas emergentes estão impactando a estrutura das organizações em todos os níveis e mudando a maneira como interagem, viabilizam e comportam novas relações, públicos, processos, práticas e formas de engajamento.

Isso, por sua vez, proporciona diversas oportunidades para o design, a entrega e a gestão desses sistemas interconectados de pessoas, produtos, serviços e experiências.

Legislação

Comunidades organizadas sustentam e fazem valer regras e códigos particulares de conduta por intermédio de uma autoridade a que nos referimos como "a lei". Os sistemas legais variam de país para país, mas, de modo geral, o propósito da lei é levar as pessoas a respeitar as necessidades e o bem-estar das demais. O sistema legal existe para garantir a defesa da justiça, em tribunais e processos judiciais, com a culpa ou responsabilidade sendo provada ou refutada mediante a apresentação de evidências pelos advogados que representam as partes interessadas.

Há duas espécies de lei: a lei consuetudinária (baseada na tradição ou em costumes estabelecidos, passíveis de revisão por juízes) e a lei estatutária (legislação estabelecida por decretos parlamentares, congressos e legislaturas). A lei estatutária compreende duas subcategorias: a lei civil (destinada à manutenção dos direitos do indivíduo, acionada quando uma parte apresenta queixa contra outra) e a lei penal (destinada a tratar ações danosas mediante punição, como multas ou detenção).

É dever de todos os indivíduos e organizações reconhecer e conformar-se à estrutura legal; entretanto, certas práticas que são legal, ética, social e culturalmente aceitáveis em uma região podem não o ser em outra. O que constitui um presente em determinada cultura, por exemplo, pode ser interpretado como suborno em outra. Como a falta de conhecimento das leis locais não constitui defesa adequada contra tamanho ônus, é importante adquirir alguma familiaridade com as diferenças comportamentais e culturais de cada região, de modo a minimizar o risco dessas eventualidades.

Sociedade, política e meio ambiente

Organizações que levam a sério a ética empresarial ou a Responsabilidade Social Corporativa (RSC) em suas estruturas de gestão e ofertas de produtos e serviços demonstram aos clientes de maneira inequívoca como as empresas podem beneficiar a sociedade e o meio ambiente, além de influenciar a agenda política local e global.

Da mesma forma, com a ascensão das plataformas tecnológicas de comunicação, comunidades inteiras podem agora questionar, influenciar e afetar as mudanças mediante formas de ativismo social e político "de baixo para cima". Em termos de design, a sustentabilidade – pensar a longo prazo – e a prosperidade sustentada são cada vez mais evidentes – por exemplo, na abordagem "Cradle to Cradle" (do berço ao berço), que preconiza uma "transformação da indústria humana por meio do design ecologicamente inteligente" (McDonagh e Braungart, 2002). McDonagh e Braungart, numa visão otimista, estão convencidos de que "um sistema industrial que 'retira, produz e descarta' pode tornar-se o criador de bens e serviços que gerem valor ecológico, social e econômico".

Sociedade

As pessoas tendem a organizar-se em grupos que compartilham crenças, hábitos, costumes e atividades culturais próprios. Essas crenças compartilhadas, conservadas ao longo de sucessivas gerações, resultam na formação de grupos vitalícios ou permanentes conhecidos como "sociedade". Esses agrupamentos sociais constroem-se em torno do desejo de companhia (família, comunidade), de crenças comuns (religião, lealdade nacional) e de um intercâmbio mutuamente benéfico de serviços (comércio, compra e venda).

Em resposta a circunstâncias novas e cambiantes, cada geração trata de proteger os interesses de sua sociedade, a fim de poder viver em paz, com conforto e proveito. Como preservamos as tradições e nos adaptamos aos desafios externos? Como equilibramos conformidade com individualismo? Como salvaguardamos os interesses de ricos e pobres?

Política

O filósofo grego Platão (428-348 a.C.) argumentava que todos os sistemas políticos convencionais eram inerentemente corruptos, ao passo que Aristóteles (384-322 a.C.), seu discípulo, via a política como a relação entre o Estado e seus cidadãos, acreditando que uma existência verdadeiramente ética só podia ser vivida por alguém que participasse ativamente da política. Em um período histórico posterior, durante a Renascença, Maquiavel ocupou-se do estudo da prática política: como portar-se em qualquer interação grupal, a fim de alcançar o poder e conservá-lo – usando de coerção, manipulação e brutalidade, se necessário.

1. As *Customers Who Care Campaigns* colocaram em ação a política ética do Co-operative Bank, conscientizando os clientes da instituição quanto a uma variedade de questões importantes, desde mudanças climáticas até comércio justo. As campanhas estimulavam o diálogo sobre preocupações contemporâneas fundamentais nas esferas da sociedade, da política e do meio ambiente.

1

A política é o processo pelo qual grupos de pessoas tomam decisões. As escolhas políticas que fazemos refletem nossos valores e nossa ética: os cidadãos votam em políticos e partidos que julgam capazes de mudar o status quo ou trabalhar para melhorar as coisas. Nossos governos – as entidades sociais eleitas pelos cidadãos – elaboram as políticas, leis e demais normas por meio das quais administram a sociedade.

Quem detém o poder político: os governos ou os cidadãos? Os novos modelos políticos baseados em uma maior transparência são norteados e impulsionados pela crescente liberdade de informação, pelas atividades colaborativas dos grupos de pressão e pelo uso popular das mídias sociais.

Meio ambiente

Em um mundo cada vez mais interconectado, as ações tomadas por empresas, governos e comunidades frequentemente têm implicações mais amplas – geográfica, econômica, política, ética e moralmente. Os atuais debates ambientais sugerem que fatores como aquecimento global, mudanças climáticas, enchentes, secas, poluição e pobreza são resultado de práticas empresariais e padrões de consumo pouco saudáveis e destrutivos.

Esses debates estão conduzindo a uma abordagem de "ciclo de vida completo" e a mais iniciativas ecologicamente corretas, como reciclagem, utilização de energia renovável, redução das emissões de carbono e geração de "empregos verdes".

Com efeito, as práticas nocivas ao meio ambiente estão sendo combatidas por governos (legislação verde), empresas (governança corporativa) e pela sociedade (escolhas e comportamentos relacionados ao estilo de vida, ativismo social). Para o design, isso implica considerar como tomamos parte das mudanças comportamentais e sistêmicas, de modo a estimular um futuro mais sustentável e uma melhor qualidade de vida – para todos – mediante um relacionamento mais benéfico e eficaz com as pessoas e os lugares.

O "design para o desenvolvimento" considera como a atividade de design pode contribuir para a transformação do modo como vivemos, consumimos e funcionamos, endossando um estilo de vida que consuma menos recursos e, assim, permita às pessoas ter uma vida mais longa, saudável e feliz.

Demandas do mercado e necessidades dos usuários

Para uma empresa existir, ela precisa de um mercado, isto é, da oportunidade de vender seu produto ou oferta às pessoas que desejam comprá-lo, usá-lo ou *ligar-se* a ele. A demanda de mercado origina-se de indivíduos e organizações que desejam ou necessitam dos bens e serviços em oferta. Havendo demanda de mercado, as empresas e suas concorrentes competem entre si para satisfazer essa demanda.

> "Marketing é o processo de gestão responsável por identificar, antecipar e satisfazer as exigências do cliente de forma lucrativa."
> *Chartered Institute of Marketing*

Antes de ingressar em um mercado, as empresas realizam pesquisas específicas para reunir as informações mais relevantes sobre esse mercado. Analisam as tendências de mercado, as necessidades dos consumidores e a concorrência, informações que irão fundamentar seus planos de distribuição (como chegar aos clientes), o mix de marketing (produto, ponto de venda, promoção e preço) e os custos, vendas e lucros projetados. Só então decidem se a empresa tem condições de ingressar lucrativamente no mercado com um novo produto ou serviço.

Enfoque orientado pelo mercado

Tão logo uma empresa identifique uma demanda de mercado que decida satisfazer mediante a criação de um produto ou serviço, o design passa a ser um meio de dar forma, função, diferenciação e apelo a produtos, serviços e comunicações de marca, de um modo a um só tempo compatível com as demandas desse mercado e com a personalidade, a promessa e o posicionamento da marca – e também com as restrições de custo, tempo ou material que acompanhem tal processo. Essa é uma abordagem orientada pelo mercado.

Suprindo as necessidades dos usuários

As abordagens orientadas pelo design tendem a deixar que as *necessidades dos usuários* determinem os novos produtos, serviços e mercados que serão criados. De fato, as necessidades das pessoas passam a ser o motor do design de novos produtos e serviços.

É aqui que são identificadas necessidades latentes nos usuários, mediante a exploração da experiência de uma situação ou cenário do dia a dia, real ou imaginado, com o envolvimento dos próprios usuários no processo de design. Nesse caso, o design torna-se uma forma de gerar, visualizar e testar ideias para novos conceitos e experiências de produtos e serviços.

Essa abordagem é comum em contextos como design de serviços públicos, design em países em desenvolvimento e desafios de design comunitários, sociais e globais. Em tais contextos, o design torna-se o propulsor de soluções práticas e muitas vezes inovadoras que atendem a necessidades humanas reais, e não às necessidades do mercado.

1, 2. O Design Directions da RSA (Royal Society for the Encouragement of Arts, Manufactures and Commerce, do Reino Unido) estrutura uma série de *briefings* de estudantes de design dentro do contexto dos desafios do mundo real. Os *briefings* postulam uma resposta baseada em pesquisa e centrada nos usuários, dentro de um contexto social, e podem intervir em áreas como criminalidade, segurança e saúde, demonstrando assim a capacidade do design em fazer diferença no mundo.

O "I Am Here" (*abaixo, à direita*) era uma colaboração entre o designer Alex Ostrowski e o Frenchay Brain Injury Rehabilitation Centre, do Reino Unido. O designer procurou a unidade motivado pelo desejo de encontrar uma maneira pela qual suas habilidades pudessem "trazer uma mudança positiva", ouvindo as preocupações dos funcionários e dos pacientes de modo a formular uma resposta. Lidando com a questão da reorientação dos pacientes, designer e entidade conceberam juntos um sistema baseado em cores para ajudar os pacientes com amnésia pós-traumática a construir uma relação mais estável com seu ambiente.

Nesse sentido, as pessoas tornam-se as criadoras não só de novos produtos e serviços, mas também de novas formas de marketing (novos tipos de canais mercadológicos), como, por exemplo, a mídia social e o "boca a boca".

Oportunidades para as quais um mercado venha a ser considerado viável convertem-se em produtos e serviços reais. Isso pode reforçar uma promessa de marca existente, ou levar à adaptação da marca e mesmo à criação de uma marca inteiramente nova para levar as ideias do fabricante ao mercado.

> "Fundamentalmente, os designers centrados no usuário consideram o problema do ponto de vista do usuário, e não das prioridades do sistema, da instituição ou da organização. Eles observam as pessoas em seu contexto para compreender as complexas experiências, necessidades e desejos dos indivíduos, sendo capazes de representar e defender essas necessidades em todo o processo de design."
> *Jennie Winhall*

Auditorias de design, briefings e propostas

Os clientes costumam consultar especialistas em design antes de comprometerem-se com projetos, processos e iniciativas de design. Como em qualquer nova relação, algumas conversas preliminares são necessárias para determinar a conveniência de ambas as partes trabalharem juntas. Em geral, porém, qualquer serviço de consultoria realizado para a organização cliente deve ser cobrado pelo especialista em design, e jamais executado, na esperança de um trabalho futuro.

Alguns clientes terão mais "consciência de design" do que outros, de modo que ajudá-los a analisar projetos é uma medida igualmente valiosa para a construção de relações de trabalho e o desenvolvimento de projetos vivos e dinâmicos. Reconhecer o valor do design significa que os profissionais de design não devem desvalorizar a *expertise* que adquiriram cedendo seu tempo e suas habilidades gratuitamente; da mesma forma, os clientes não devem desvalorizar a *expertise* do designer esperando explorar o tempo e a habilidade do profissional sem qualquer custo.

Oportunidades de design podem estar escondidas onde menos se espera. Conduzir auditorias de design, avaliar e responder a *briefings* do cliente e definir *briefings* de design permite promover um emprego melhor (ou mais corajoso) do design.

A auditoria de design

Em termos gerais, as auditorias são conduzidas para avaliar com independência o desempenho de uma organização ou de parte de uma organização, determinando e garantindo a correção, validade e legitimidade de um sistema, processo, produto ou projeto. Os auditores normalmente são trazidos de fora da empresa – por serem independentes da organização ou sistema, acredita-se que sejam mais objetivos.

As auditorias de design são executadas para avaliar a capacidade de design de uma organização, bem como para revelar como o design está sendo utilizado (ou não) em prol da visão e dos valores da marca, das metas e objetivos do modelo de negócios e das aspirações da organização para o futuro. A auditoria examina o uso e o desempenho do design tanto interna (p. ex., as equipes de design e as condições de trabalho) quanto externamente (produtos, serviços, comunicações), para garantir a coerência entre o que a empresa diz (a identidade da marca) e o que faz (comportamento dos empregados, práticas comerciais ou percepções dos clientes).

Diagrama 1. Em seu trabalho com os clientes, a PARK advanced design management realiza uma "auditoria de desafios de projeto" para analisar, priorizar e definir os desafios do projeto, as abordagens e os subprojetos (e métodos) associados.

1. Primeiro, uma visão geral estruturada do projeto é identificada, e o conteúdo (*o quê?*) e o processo (*como?*) são desenvolvidos em um modelo detalhado de perfil do projeto.

2. A seguir (e antes do início efetivo do projeto), o perfil do projeto é definido e refinado por meio de oficinas de auditoria, sessões de escopo pré-projeto e questionários com *stakeholders* internos e externos. Por último, o perfil é utilizado para especificar explicitamente o escopo, o foco e os desafios esperados do projeto, de modo que possa ser definido o *briefing* e empregados os processos e ferramentas corretos.

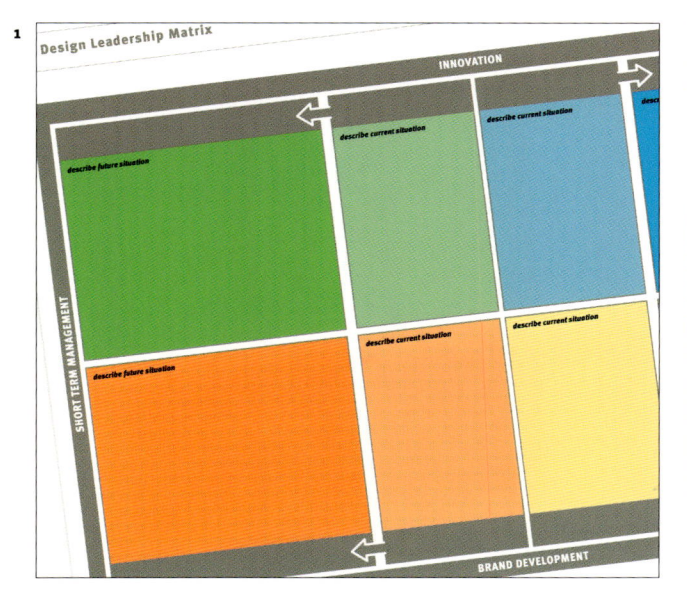

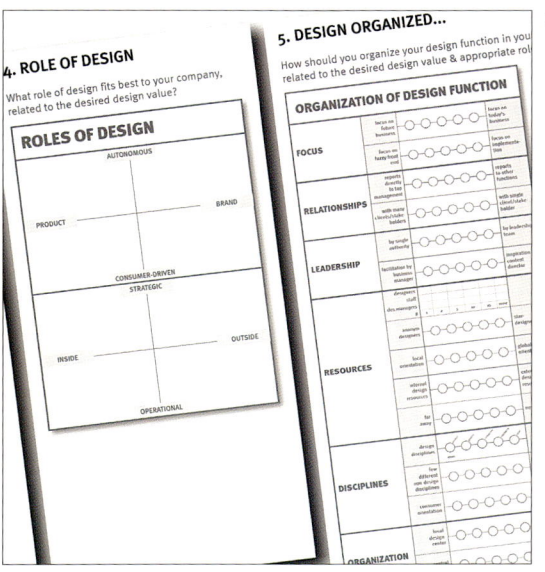

Diagrama 1: A auditoria de desafios de projeto

Tabela 1: Estrutura do processo e do relatório da auditoria de design

Acordo formal de auditoria
Definição: propósito e processo da auditoria
Posição de mercado, públicos-alvo, ambiente competitivo
Evidência de material coletado
Exame da organização 1: aspecto, sensação, comportamento
Exame da organização 2: entrevistas com *stakeholders* (percepções e aspirações)
Análise do uso do design (incluindo pontos fortes e fracos, oportunidades, ameaças)
Conclusão
Recomendações (e apresentação)
Ações/próximos passos
Disseminação e circulação

A auditoria de design proporciona também a oportunidade de indicar áreas que precisam ser melhoradas. As evidências encontradas durante o processo de auditoria podem ser utilizadas para consubstanciar um emprego mais calculado, intencional e criativo do processo de design, tanto dentro como fora da organização. Além disso, pode ajudar a definir pautas de design, influenciar as diretrizes da organização, moldar a estratégia corporativa, estabelecer pautas de design futuras e pôr em marcha novos orçamentos para o design, contratações, projetos e práticas. Se o gestor de design conduzir a auditoria com um enfoque diplomático mas empreendedor, os especialistas em design terão uma preciosa oportunidade para oferecer o respaldo e o conhecimento de que os clientes necessitam para defender o uso do design.

O *briefing* do cliente

O *briefing* do cliente descreve um determinado objetivo, iniciativa, projeto ou tarefa para os quais a organização desejaria contar com o conhecimento de um especialista em design. Pode consistir em uma simples conversa do cliente com o consultor de design acerca de uma meta que a empresa gostaria de atingir (e sobre a qual o consultor responderá posteriormente). Em sua forma escrita, o *briefing* costuma ver as coisas da perspectiva dos processos, objetivos e sistemas de relatório e prazos contábeis internos da organização cliente. Logo, a linguagem empregada pode ser um tanto analítica, numérica e objetiva.

O primeiro passo para o cliente é definir o *briefing* e certificar-se de que o consultor compreende o que tem de ser feito, por quem e quando. O cliente necessita de conselhos para desenvolver mais o *briefing*? Articulou sua relação com a organização, a marca e seu público, os objetivos comerciais e o projeto proposto de uma forma compreensível ao consultor? Passar essas informações para o papel esclarecerá as aspirações específicas, os objetivos, metas, produtos, prazos e o orçamento disponível da organização, bem como assegurará que tanto o cliente quanto o consultor cheguem a um entendimento comum quanto às exigências que terão de ser satisfeitas.

A boa prática do design implica questionar os pressupostos que fundamentam um *briefing*. Nesse sentido, o bom consultor de design tem a oportunidade de utilizar o *briefing* como base para uma conversa franca com o cliente, a fim de conhecer melhor seus objetivos organizacionais, profissionais e pessoais. Discutir o *briefing* revelará aspirações, expectativas e limitações ocultas, bem como outros objetivos organizacionais potencialmente úteis. O consultor de design pode também aproveitar essa oportunidade para reformular verbalmente o *briefing* de uma maneira que chame a atenção para possibilidades latentes ou estimule novas abordagens capazes de oferecer soluções verdadeiramente criativas para o problema do cliente. Dedicar tempo ao cliente, fazê-lo sentir-se confortável com o processo de design e proceder de forma profissional, preparada e fundamentada aumentará a probabilidade de garantir uma relação de trabalho formalizada e bem-sucedida no futuro.

Tabela 2: Redigindo o *briefing*

Introdução: contexto do projeto, visão geral e oportunidades identificadas

Empresa: a organização, sua visão e valores de marca, portfólio de produtos, clientes e estrutura gerencial

Clientes: clientes visados

Concorrência: os concorrentes e sua proposição única de venda (USP)

Posicionamento: a estratégia proposta e o plano de ação

Desafios de design: objetivos do projeto, escopo das atividades, resultados esperados e especificações

Métricas de sucesso: critérios para avaliação e medição do sucesso

Plano de projeto: etapas de trabalho, marcos fundamentais, prazos e resultados práticos

Orçamento: termos contratuais relativos a comissões, despesas e custos de produção

A proposta de design

O consultor de design considera, revisa e responde ao *briefing* do cliente com uma proposta de design. A proposta traça o plano que será implementado pela consultoria ou agência para levar o cliente a alcançar criativamente seus objetivos comerciais. Irá reiterar as carências, necessidades e exigências, bem como definir as oportunidades de uma forma que transforme o ordinário em interessante.

O consultor de design tem o conhecimento e a *expertise* dos processos, práticas e resultados de design mais adequados para a consecução dos objetivos do cliente expostos no *briefing*. É importante assegurar que esse "escopo de atividades" seja corretamente descrito na proposta, de modo a encorajar o cliente a trabalhar com a consultoria de design em busca da melhor solução possível. Dependendo da natureza da relação de trabalho, a proposta pode ser também o lugar para inspirar o cliente a dar um passo adiante e considerar opções diferentes, talvez mais ambiciosas.

O contrato de design

Uma vez que a proposta relativa ao "escopo das atividades" e ao processo de trabalho tenha sido acordada, um contrato para contratação dos serviços de design poderá então ser redigido. Como parte do contrato, é importante aventar quaisquer questões legais possíveis relacionadas, por exemplo, a direitos de propriedade intelectual (PI) e *copyright* (quem detém o trabalho), cláusula de não-concorrência (estabelecendo que o designer não poderá trabalhar para concorrentes do cliente durante determinado período de tempo) e acordo de não revelação (em que é preciso respeitar a confidencialidade do projeto). Ademais, deverá ser esclarecido nessa oportunidade o uso permitido de materiais de publicidade associados a projetos concluídos. Uma vez que os termos da relação de trabalho tenham sido acordados e assinados, o trabalho poderá ser iniciado.

O *briefing* criativo

O *briefing* criativo, redigido pelo diretor de criação da consultoria de design, é um documento interno que traduz o *briefing* e a proposta de design em um documento de trabalho interno para uso da equipe de design. É expresso de modo a comunicar exitosamente a oportunidade apresentada pelo cliente e desafiar os designers da equipe a pensar com imaginação e criatividade. É importante certificar-se de que o documento contém material suficiente para inspirar um pensamento criativo, ainda que focado, entre esses profissionais. O *briefing* expôs articuladamente a relação entre o cliente e sua organização, a marca e seu público e os objetivos comerciais e o projeto proposto de uma forma compreensível à equipe de design?

O escopo das atividades

Dependendo do tamanho e da escala do escopo das atividades, poderá haver uma só equipe de design (sob a liderança do diretor de criação), à qual será atribuído todo o trabalho, ou o projeto do cliente poderá ser decomposto em uma série de escopos menores, cada qual atribuído à equipe adequada – por exemplo, à equipe de design responsável pela linguagem visual, à equipe de identidade de marca responsável pela elaboração do conceito de marcas ou à equipe de arquitetura de informação responsável por projetos de desenvolvimento para web baseados na experiência do cliente. Nesse caso, a nomeação de um gerente de projeto é crucial para garantir a coordenação exitosa de todas as diferentes equipes envolvidas no projeto.

> "O bom design pode mudar a sociedade para melhor... pode inspirar as pessoas a exigir bons projetos de design."
> *CABE*

Pessoas

As pessoas formam parte do "capital humano" de qualquer visão, estratégia ou meta bem-sucedida e, por essa razão, precisam ser administradas, valorizadas e promovidas. Com efeito, as organizações dependem de pessoas para fazer seus projetos funcionarem. Mas a qualidade e a natureza das relações interpessoais podem ter enorme impacto no sucesso dos projetos da organização, assim como no bem-estar de cada *stakeholder* e, em última análise, em outras medidas organizacionais, como rentabilidade e reputação.

Logo, ter habilidade no trato pessoal e gerenciar com eficiência as relações entre diferentes funções e recursos, dentro e através das organizações, pode ajudar a facilitar o sucesso do projeto e da empresa. Em uma economia cada vez mais global, essas relações pressupõem diversos *stakeholders* operando em "cadeias de valor", que podem compreender diferentes empresas, países, fornecedores e varejistas. A importância das pessoas nessas cadeias de valor não deve ser subestimada.

A dinâmica pessoal – a forma como as pessoas interagem, contribuem e se envolvem – é a pedra fundamental dos processos e práticas de trabalho colaborativos. Dado que as relações entre os *stakeholders* podem ser complexas e desafiadoras, compreender os papéis e motivações de cada um deles pode ajudar a compreender melhor o que orienta seus processos decisórios. Ademais, para aqueles envolvidos na gestão do design, significa a possibilidade de identificar oportunidades para colaborações criativas e meios de gerar valor comercial extra.

Cada vez mais a gestão do design preocupa-se com o modo como as relações entre clientes, consultores e usuários finais são organizadas e gerenciadas. Isso pode influenciar a maneira como as pessoas criam, lideram e tomam parte nos processos e sistemas essenciais ao trabalho colaborativo e à agregação de valor ao negócio. Implantar uma estrutura de gestão para gerar esse valor agregado é fundamental, tanto quanto a estrutura que, favorecendo a criatividade colaborativa, permite que empresas e designers trabalhem juntos de maneira eficiente.

Clientes

Pessoas que contratam, financiam ou apoiam projetos de design são denominadas clientes. Os clientes são responsáveis por comunicar a visão ou direção estratégica de sua organização tanto interna (p. ex., a outros departamentos) quanto externamente (p. ex., a consultorias de design). Mais do que isso, são ética e financeiramente responsáveis pelas decisões que tomam em nome da organização. Dependendo do tamanho e da natureza de sua organização, os clientes podem dispor de uma equipe de design interna e também trabalhar com consultores externos. Normalmente, contratam consultorias de design para, em conjunto, desenvolver um *briefing* de projeto e um plano de ação que proporcionará determinados objetivos e resultados comerciais.

Ao encomendar projetos de design, os clientes priorizam a obtenção da melhor qualidade possível pelo melhor preço possível, com resultados que agreguem valor para sua organização e seus clientes.

No contexto das indústrias criativas, os clientes tendem a encarar o design de uma dentre várias formas: como um componente estético (ver e sentir); como um processo; como uma resposta às necessidades dos usuários; ou (cada vez mais) como uma ferramenta estratégica de negócios. Apesar disso, estão continuamente à procura de novas oportunidades de negócios e de novas maneiras de gerar ideias e criar valor. Isso inclui perceber o potencial do design e da inovação como um meio de obter diferenciação e vantagem competitiva.

Atualmente, há uma crescente pressão para as organizações clientes adotarem um enfoque mais holístico em relação à forma como operam e ao consequente impacto cultural, ambiental, político e social de seus métodos. Os clientes que abordam a gestão do design e a criatividade num sentido estratégico tendem a adotar uma visão de mais longo prazo em relação ao modo como o valor é criado, percebido e sustentado. O design passa a ser uma ferramenta para concretizar oportunidades de negócios potenciais, a partir do modo como os produtos, serviços e processos são desenvolvidos.

Consultorias

Um consultor – termo derivado do latim *consultare*, traduzido como "discutir" – é um profissional que tem conhecimento especializado em uma área específica e que sabe como relacionar tal conhecimento ao contexto mais amplo de um cliente. Os clientes contratam os consultores por sua *expertise* e para ajudá-los a enfrentar os desafios organizacionais ou agregar valor a projetos específicos. Os consultores trabalham de maneira independente, como autônomos, ou integrando consultorias, podendo ser contratados para trabalhos de curto prazo ou contínuos. O benefício usufruído por clientes que comissionam consultores (em vez de contratá-los como funcionários permanentes) é ter acesso a níveis mais profundos de conhecimento com uma melhor relação custo-benefício – visto que a relação pode simplesmente ser terminada após a conclusão do projeto.

Atualmente, os consultores de design anseiam por aumentar sua influência sobre muitos aspectos de uma organização, de modo a estimular o uso do design como ferramenta estratégica de negócios. Por exemplo, o "design thinking" como abordagem pode proporcionar uma maneira de enfrentar a complexidade de uma dada situação, visto que o processo de design é apropriado para mobilizar diferentes *stakeholders*, lidar com problemas que não são claramente definidos e apoiar ideias incipientes antes de se formarem plenamente. Com efeito, o design passa a ser uma forma de garantir mais apoio, visto que serve de mediador entre organizações, produtos e pessoas. É também um método para desafiar ideias preconcebidas e suposições dos *stakeholders* acerca de possíveis soluções.

Como o design, por sua natureza, segue um modelo de resolução de problemas centrado nas pessoas, possibilita uma abordagem mais integrativa e holística ao tratamento dos desafios sociais, globais, políticos e ambientais contemporâneos, ao mesmo tempo em que concretiza novas oportunidades de negócios – e fontes de valor comercial – para os clientes.

Os consultores de design constituem também um veículo útil para os clientes obterem uma perspectiva externa de seu setor ou mercados. Priorizam cumprir o *briefing* acordado, dentro do prazo e do orçamento, e propor soluções bem concebidas que agreguem valor real e sustentável às empresas clientes e seus consumidores.

Consumidores/usuários finais

Os consumidores – pessoas que compram ou utilizam um produto ou serviço para satisfazer uma necessidade, meta ou objetivo particular – podem ser internos à organização cliente (p. ex., outro departamento) ou externos (p. ex., o público, outras empresas, fornecedores e mesmo concorrentes). Em geral, os consumidores concebem o design como uma experiência que irá preencher (ou superar) suas necessidades e expectativas.

Tanto os clientes quanto os consultores interessam-se pelo potencial criativo e inovador de envolver os consumidores e os usuários finais no processo de design.

De uma perspectiva empresarial, os clientes sabem que colaborar com os *stakeholders* no processo de criação pode agregar valor, reduzir custos, obter diferenciação e vantagem competitiva, além de possibilitar excelentes experiências de consumo.

Quando as consultorias envolvem efetivamente os *stakeholders* no processo de design, maiores conhecimentos e perspectivas adicionais são reunidos já numa etapa inicial, resultando em uma abordagem mais completa e "empática" à busca de uma solução de design.

Graças ao poder de capacitação e conexão das novas tecnologias, as empresas estão cada vez mais em condições de operar dentro de uma "rede de inovação". As relações com os consumidores e fornecedores tornam-se "conversas", as cadeias de valor convertem-se em fontes potenciais de novas ideias, e novos produtos e serviços podem ser criados "em diálogo" com outras pessoas. O design colaborativo (codesign), por exemplo, é uma maneira de desenvolver produtos e serviços em parceria com vários *stakeholders*, captando as necessidades geradas pelos usuários e, por meio do processo de design, transformando essas necessidades em proposições comerciais e soluções de design. Assim, o design não apenas torna possível o processo de colaboração e a participação dos consumidores e usuários, como também dá forma e viabilidade a novas ideias.

1. Inaugurada em 1994 na Nova Zelândia, a Icebreaker foi a primeira empresa do mundo a desenvolver um sistema de revestimento feito de lã de merino para roupas casuais. Cada produto reflete as crenças básicas da Icebreaker na honestidade e na ética, evidenciadas no modo como adquirem as matérias-primas, confeccionam os produtos e operam como empresa.

2. Trabalhando em parceria com uma agência de design, a Icebreaker desenvolveu uma identidade de marca e um conjunto claro de ideias em torno das quais fundamentar o desenvolvimento criativo de suas ofertas. A Icebreaker foi a primeira empresa de roupas casuais a adquirir apenas lã pura de merino diretamente dos produtores locais, escolhidos a dedo, e a então transformá-la em roupas modernas que combinam o trabalho da natureza com tecnologia e design humanos.
© *Icebreaker Ltd*

Projetos

Um fator determinante para o sucesso de projetos de design reside no modo como equipes, processos e procedimentos associados a um projeto são organizados, coordenados e executados. Denominamos de projeto um esforço que está sendo realizado ou está em vias de ser realizado. Os projetos decompõem-se em etapas de trabalho, cada qual executada até o término do projeto. Em geral, um projeto nasce porque um cliente (interno ou externo à organização) identificou uma determinada necessidade do usuário, uma demanda de consumo ou uma oportunidade de negócios, e decidiu responder de modo a suprir essa necessidade e também satisfazer as metas de um cliente, uma promessa de marca ou um objetivo organizacional.

O cliente e a entidade que entregará o projeto (p. ex., uma unidade funcional da organização ou uma consultoria externa) acordarão um escopo de atividades ou um *briefing* de projeto que descreva o mais completamente possível as metas, objetivos, resultados práticos, datas-chave (marcos fundamentais) e orçamento do projeto. Dependendo da natureza do projeto, tal acordo poderá ser bastante específico e definido, ou consistir numa lista de exigências a serem preenchidas, mesmo que o resultado do projeto em si ainda não seja conhecido.

O próximo passo é identificar quem fará parte do projeto (a equipe), como e quando as ações serão decididas e executadas dentro do projeto (o processo) e que etapas de rotina terão de ser cumpridas para a consecução do projeto (os procedimentos).

Além da definição do *briefing* e da organização do projeto propriamente dito, é importante antecipar e acordar que critérios serão utilizados para avaliar o sucesso do projeto, de modo a determinar se o resultado satisfaz essas medidas de desempenho (e, portanto, constitui um sucesso). Projetos de design bem-sucedidos ajudam a agregar valor e construir credibilidade para a equipe, para as organizações envolvidas e, em última análise, para o processo de design e o papel da gestão do design.

Equipes: quem tomará parte no projeto?

Equipes são entidades dinâmicas de pessoas reunidas durante o período de execução de um projeto e por vezes dispersadas após sua conclusão. Dependendo do propósito do projeto, as equipes podem consistir numa variedade de elementos: indivíduos, disciplinas e unidades de negócios dentro de uma organização; consultores e consultorias externos; parceiros de fornecimento e produção; fornecedores independentes e distribuidores; bem como varejistas e consumidores.

Na entrega dos projetos, trabalhar efetivamente em equipe é fundamental. A decisão de designar um gerente de projeto exclusivo costuma ser ditada pelo tamanho e complexidade do projeto e pela capacidade dos membros da equipe em gerenciar a si mesmos e aos demais. Cada um desses membros terá funções, responsabilidades e deveres específicos a cumprir como indivíduos, bem como possíveis códigos de conduta, padrões éticos e responsabilidades profissionais associados a suas próprias organizações.

Em geral, equipes que se relacionam, funcionam e produzem com eficiência refletem o desejo de cada um de seus membros de contribuir, de maneira significativa e mutuamente benéfica, com agendas que contemplem objetivos, responsabilidades, valores e crenças comuns. Compartilhar um objetivo (p. ex., buscar o que é melhor para o consumidor) que, não obstante, respeite as metas individuais (p. ex., obter sucesso na carreira) é uma das melhores maneiras de lidar com as diferenças entre organizações e disciplinas que poderiam criar obstáculos ao sucesso do projeto.

Processos: como as ações serão decididas e executadas dentro do projeto?

O termo "processo" refere-se à execução de um conjunto de ações e etapas de desenvolvimento que visam a atingir progressivamente determinado resultado final. Os passos dados são evolutivos, no sentido de que as metas do projeto são atingidas por meio de mudanças incrementais (se bem que às vezes drásticas).

Os processos podem ser padronizados, customizados ou dinâmicos. Processos padronizados são na verdade procedimentos – isto é, um conjunto rotineiro de instruções concernentes à realização de uma tarefa. "Processamos" uma queixa, por exemplo, que segue um "procedimento de queixa" definido. Os processos customizados são concebidos em função das necessidades de um determinado cliente, tarefa ou desafio. A customização implica duas partes para o processo: primeiro, o design do processo propriamente dito e, depois, a execução do processo.

Os processos dinâmicos reconhecem a presença de uma contínua "mudança no projeto": com efeito, a mudança é um fator constante em certos projetos. Projetos para Web 2.0 necessitam de funcionalidade dinâmica, por exemplo, no caso de aplicativos interativos para web que se comportem de forma responsiva em tempo real. Por conseguinte, o processo precisa ser concebido de modo a ser flexível, adaptável e interativo.

Dentro de um processo, decisões precisam ser tomadas. Que ações serão realizadas? Que operações serão executadas? Que resultados finais (caso possam der definidos com antecedência) hão de ser alcançados?

A gestão do design envolve cada vez mais processos de trabalho colaborativos; é importante, portanto, conhecer bem a dinâmica real existente entre pessoas, projetos e processos, bem como manter-se atento à forma como todos os recursos podem ser empregados com propósito e responsabilidade, a fim de proporcionar valor para os consumidores. Por exemplo, a otimização de processos e o chamado "pensamento enxuto" (*lean thinking*) ditam a necessidade de considerar como obter processos eficientes e eficazes com o menor desperdício ou prejuízo possível (p. ex., terceirizando os processos ou utilizando recursos éticos).

Com respeito à cadeia de valor do design, exige-se atualmente uma maior transparência e responsabilidade no *modus operandi* das "cadeias de suprimentos", de forma a garantir que os processos de uma organização e os produtos e serviços resultantes reflitam verdadeiramente os valores e crenças de sua marca.

> "Seja alguém membro, consultor, fornecedor ou distribuidor de uma organização, cumpre que tenha responsabilidade em sua relação com todos aqueles com quem trabalha, de cujo trabalho depende e que, por sua vez, dependem de seu trabalho."
> *Peter Drucker*

Procedimentos: que linha de ação ou passos de rotina serão implementados para levar a cabo o projeto?

Procedimentos são um conjunto de instruções postas em prática no propósito acordado de levar a cabo uma tarefa ou atividade. Os procedimentos são estabelecidos pelas organizações para padronizar uma linha específica de ação. É importante seguir os procedimentos por representarem acordos firmados quanto ao modo como determinadas atividades e operações serão conduzidas.

Exemplos de procedimentos incluem documentos e contratos formais para compra ou aquisição de recursos; contratação de serviços de design; início e finalização de projetos e orçamentos; verificação da observância de normas (p. ex., International Organization for Standardization – ISO ou British Standards Institute – BSI); e critérios de seleção para trabalho com parceiros, fornecedores e fabricantes.

Os procedimentos podem definir uma tarefa física ou o processamento da papelada. É uma boa prática as organizações revisarem regularmente seus procedimentos a fim de certificar-se de que ainda são válidos. Há uma melhor maneira de fazer as coisas? Os procedimentos estão em dia com as mudanças realizadas nas políticas da empresa, nas regulamentações governamentais e nos requisitos legais? O *feedback* dos consumidores ou usuários foi considerado?

Uma crítica feita frequentemente aos procedimentos é que eles inibem formas criativas de trabalho. Um gestor de design que contribua com pensamentos e opiniões durante a criação ou revisão de procedimentos poderá influenciar os critérios aí definidos, de uma maneira favorável ao design. Pode ajudar a organização a considerar como equilibrar melhor a necessidade de controles de trabalho e práticas de gestão eficientes, no âmbito interno, com o desejo de processos criativos que proporcionem resultados de design exitosos e de alta qualidade, no âmbito externo.

1, 2. A Icebreaker tornou-se uma empresa perfeitamente integrada, com uma equipe composta por 200 pessoas espalhadas por cinco países e produtos distribuídos para mais de 2 mil lojas em 30 países. A equipe de 70 membros que atua na matriz em Wellington, trabalha com design, marketing (1) e desenvolvimento de produtos internamente, além de administrar toda a cadeia de suprimentos, que emprega mais de 1 mil pessoas de todo o mundo, muitas delas residentes nos arredores de Xangai. A verdadeira "cadeia de suprimentos" começa com o carneiro. Na estação de Glenmore, a densa lã do merino é tosada à mão por tosquiadores especializados que manejam até 170 carneiros por dia. Afiadas tesouras de tosa feitas de aço (2) não chegam a tocar a pele do animal, preservando uma fina camada de lã para protegê-lo de repentinas ondas de frio.
© *Icebreaker Ltd*

3, 4. O merino Shrek antes e depois da tosa. A Icebreaker mantém controle absoluto sobre todos os processos e critérios de seleção de seus parceiros de produção. Tudo deve obedecer a rigorosas normas comerciais, ambientais, éticas e sociais, o que garante que o impacto ambiental da empresa seja minimizado e a ética social preservada.

Produtos e serviços

Produtos e serviços são um meio pelo qual os consumidores e usuários finais tocam, veem e vivenciam uma organização ou marca. A exitosa introdução de soluções de produtos e serviços no mercado depende da presença de estruturas, processos e sistemas sólidos capazes de proporcionar uma experiência de consumo projetada e gerenciada. Por tal razão, é cada vez mais importante conhecer o contexto mais amplo de atividades em que estão inseridos os produtos e serviços.

Em *Competitive Advantage* (1985), Michael Porter descreve como uma empresa adquire as "matérias-primas" e estas passam por uma "cadeia de valor" de atividades dispostas numa ordem tal que cada etapa (p. ex., design, marketing e entrega) contribui para o valor do produto ou serviço final, que chega enfim a um consumidor disposto a pagar por esse valor. O "sistema de valor" é o sistema mais amplo e interconectado de diversas cadeias de valor e atividades (p. ex., a empresa, os fornecedores, os canais de distribuição e os varejistas). Porter sugere explorar a informação *upstream* e *downstream* ao longo da cadeia de valor em busca de oportunidades para agregar valor, seja realizando atividades mais baratas ou mais bem-sucedidas que as da concorrência (p. ex., promovendo melhorias, eliminando custos ou mesmo evitando intermediários).

O design do sistema é definitivamente crucial para o sucesso da experiência com o produto ou serviço. Como um produto ou serviço se liga a outros produtos e serviços?

Que sistemas estão em vigor para proporcionar as soluções de produto e serviço para o usuário final, em que lugar e por que método de entrega? Qual o aspecto e a sensação da experiência de consumo em cada etapa? Qual o melhor ponto de venda para alcançar os públicos visados? Cada uma dessas etapas pode potencialmente ser redesenhada para gerar ou agregar valor a um produto ou serviço e, em última análise, "entregar" esse valor diretamente para os consumidores.

Porter (1985) descreve como a cadeia de valor pode constituir uma fonte de vantagem competitiva ao maximizar a criação de valor ao mesmo tempo em que minimiza os custos. No mercado global, as demandas por produtos e serviços mais sustentáveis estão determinando a necessidade de mudanças nos atuais processos comerciais e também a necessidade de modelos e sistemas de negócios inteiramente novos.

"Os produtos existem em um vasto ambiente de serviços, marcas, culturas e concorrentes. No entanto, as empresas estão percebendo que projetar estrategicamente os produtos para os contextos nos quais estão inseridos pode resultar em ofertas mais imaginativas, melhor integradas e, em última análise, mais humanas."
Steve Portigal

Sistemas: que redes, interações e interdependências são necessárias para a eficiente organização e posterior distribuição de produtos e serviços?

O pensamento sistêmico implica criar um meio pelo qual um sistema possa converter-se num todo unificado, de modo que esse todo seja maior que a soma de suas diferentes partes interligadas. Nesse caso, as inter-relações e interdependências são tão importantes quanto as partes individuais. De fato, é nas interconexões que costumam residir as reais oportunidades para obter diferenciação competitiva, razão pela qual seu design deve ser cuidadosamente considerado.

Um sistema costuma ser estabelecido na forma de uma rede, com o objetivo de distribuir bens, serviços ou experiências de uma forma ordenada, coerente e eficaz em termos de custo. Essa rede pode envolver parceiros, colaboradores, fornecedores e usuários finais, os quais trabalham juntos com o propósito comum de ajudar a concretizar uma visão e maximizar o valor.

Uma forma de agregar valor é reduzir custos – otimizando ou eliminando processos, por exemplo, ou reduzindo as ineficiências do sistema. Outra opção é envolver os consumidores e fornecedores de modo a possibilitar processos de desenvolvimento dinâmicos que tirem proveito de contribuições adicionais a um custo mínimo.

Lugares: de onde se originam os produtos e serviços?

A Internet está revolucionando a forma como as pessoas trabalham juntas. As atividades podem ser realizadas mediante a divisão e distribuição de tarefas entre equipes e unidades funcionais localizadas em qualquer parte do mundo. A terceirização – a execução de determinadas atividades e funções por terceiros dentro da cadeia de valor – permite às organizações adquirir *expertise* externa ao mesmo tempo em que reduzem os custos internos. Em tese, qualquer etapa do ciclo de criação, produção, distribuição e entrega pode ser terceirizada local, regional ou globalmente – para onde tal investimento faça mais sentido em termos de negócios, sociedade, tecnologia e meio ambiente.

O Value Chain Group desenvolveu um modelo de referência de valor (VRM) das principais funções comerciais de uma cadeia de valor. São elas: pesquisa e desenvolvimento; design de produtos, serviços e processos; produção; marketing e vendas; distribuição; e serviços ao cliente. Diferentes lugares são conhecidos por diferentes áreas de *expertise*, e setores comerciais como a indústria automobilística operam com funções comerciais diversas em diferentes partes do mundo – sendo a meta alavancar o conhecimento, a *expertise* e as economias de custos inerentes a determinados locais.

A Internet também está transformando o relacionamento fornecedor-cliente, bem como a relação entre escolha e demanda. Novos modelos de colaboração em massa e inovação em massa estão desafiando os tradicionais modelos de negócios baseados na produção em massa (Leadbeater, 2008), na medida em que as empresas cada vez mais "colaboram criativamente" e inovam em diálogo com os clientes, respaldadas pela tecnologia (a Internet) e pelas redes de fornecedores.

Os locais em que deverão ocorrer as atividades costumam ser decididos com base no custo, embora eventualmente outros fatores também possam ser levados em conta, como mérito e atratividade, importância e significado, potencial de criatividade e capacidade de inovação. Pode ser vantajoso introduzir determinados lugares no processo de atividades de troca que vão além da compra, venda e produção de mais bens e serviços. As tendências de consumo no âmbito da indústria alimentícia, por exemplo, determinam que o preço e as opções de produtos alimentícios são importantes para os consumidores – mas também o são outros diferenciadores, como origem, variedade, processos e métodos de produção ambientalmente responsáveis.

"O principal fator de crescimento do mercado não está na criação de novos produtos, mas em sua exploração, distribuição e comercialização."
John Howkins

Entrega: como os produtos e serviços chegam às pessoas, lugares, públicos e usuários finais?

Cadeias de suprimentos e redes de produção e distribuição entregam produtos e serviços a usuários finais. Mas públicos diferentes são alcançados por canais diferentes, e o modo como os produtos e serviços são recebidos e aceitos faz parte do sucesso ou do fracasso da experiência de consumo – e determina se os usuários se sentem instigados a utilizá-los ou comprá-los. Uma experiência de marca perfeitamente projetada e gerenciada, proporcionada ao cliente de forma coerente e integrada, depende da compreensão de como orquestrar todos os diferentes canais de entrega envolvidos. O design passa a ser uma ferramenta útil para tornar a empresa visível – nos produtos e serviços propriamente ditos, mas também nos processos, sistemas e lugares que os envolvem.

O termo "pontos de contato" descreve todas as formas pelas quais uma marca, produto ou serviço pode literalmente "tocar" ou "ser tocado(a) por" pessoas. Wally Olins propõe quatro "veículos" pelos quais as marcas podem expressar sua ideia central – produtos, ambientes, comunicação e comportamento – a fim de que sua história faça sentido através de todos os canais (Olins, 2008). O propósito de adotar uma abordagem coerente e cuidadosa ao design dos "pontos de contato" é que a qualidade da experiência do consumidor com o produto, serviço ou ambiente pode ser gerenciada de forma que faça sentido para a marca ou organização, e também para o consumidor ou usuário.

1. O Baacode da Icebreaker é um revolucionário sistema que permite que os consumidores reconstituam o trajeto de cada peça de roupa até as estações de ovinos onde são desenvolvidas as fibras de merino (*figura*). Uma cadeia de suprimentos transparente é parte fundamental da filosofia da Icebreaker, e todo o design da empresa demonstra isso – começando pelos tosquiadores e seguindo por cada etapa da cadeia.

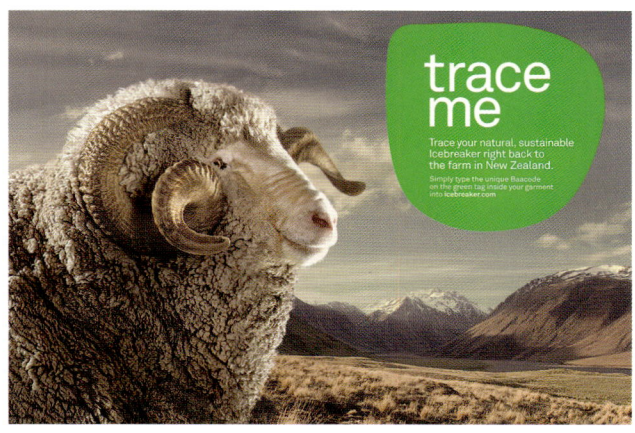

2. O *ethos* da Icebreaker – respeito à natureza, ética e sustentabilidade – reflete-se no compromisso de garantir a pureza e autenticidade de cada produto, permitindo aos usuários refazer o percurso de suas roupas até as fazendas onde foi produzida a lã de que são feitas, como expresso nesta peça de campanha publicitária.
© *Icebreaker Ltd*

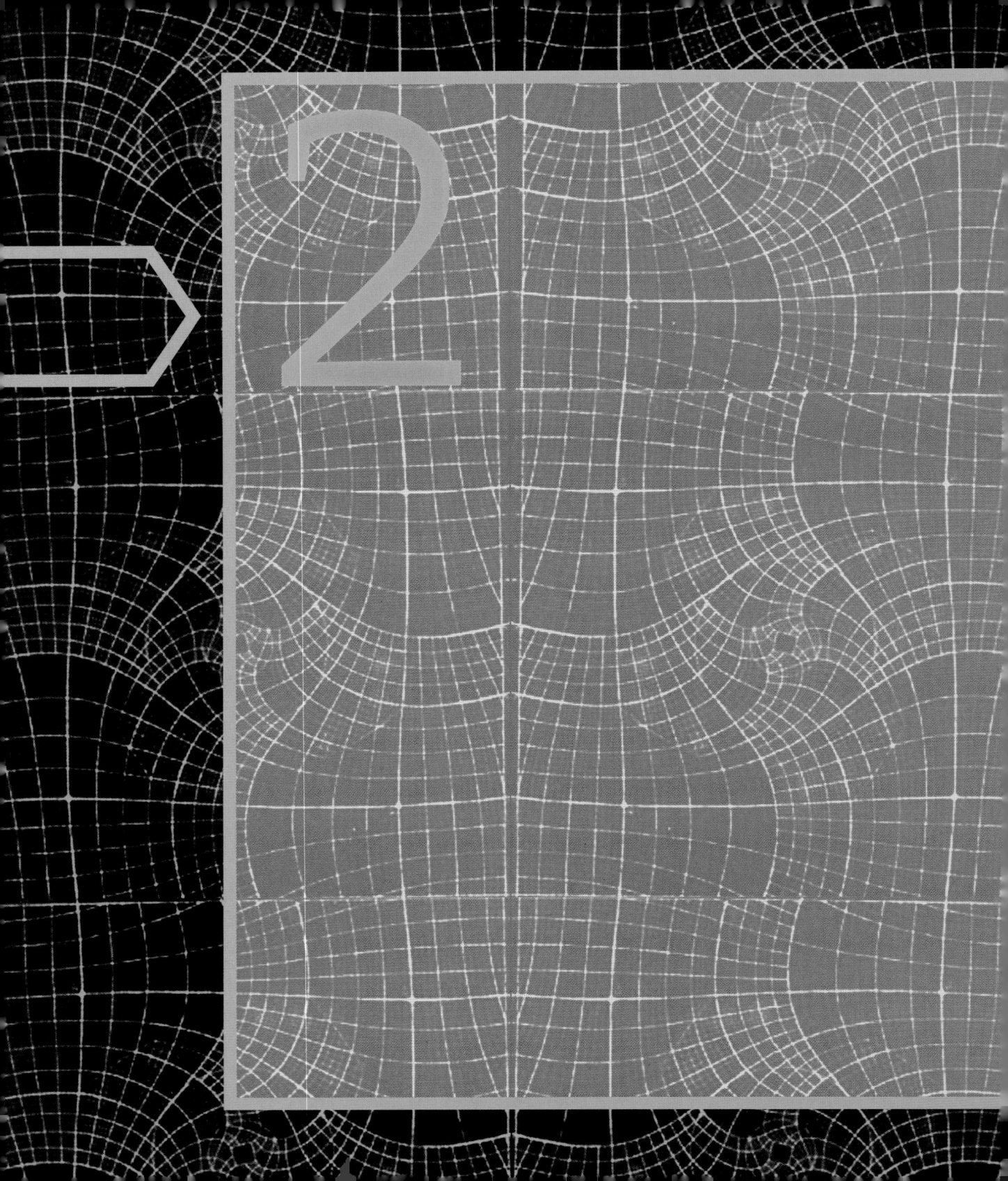

2

Visão geral do design

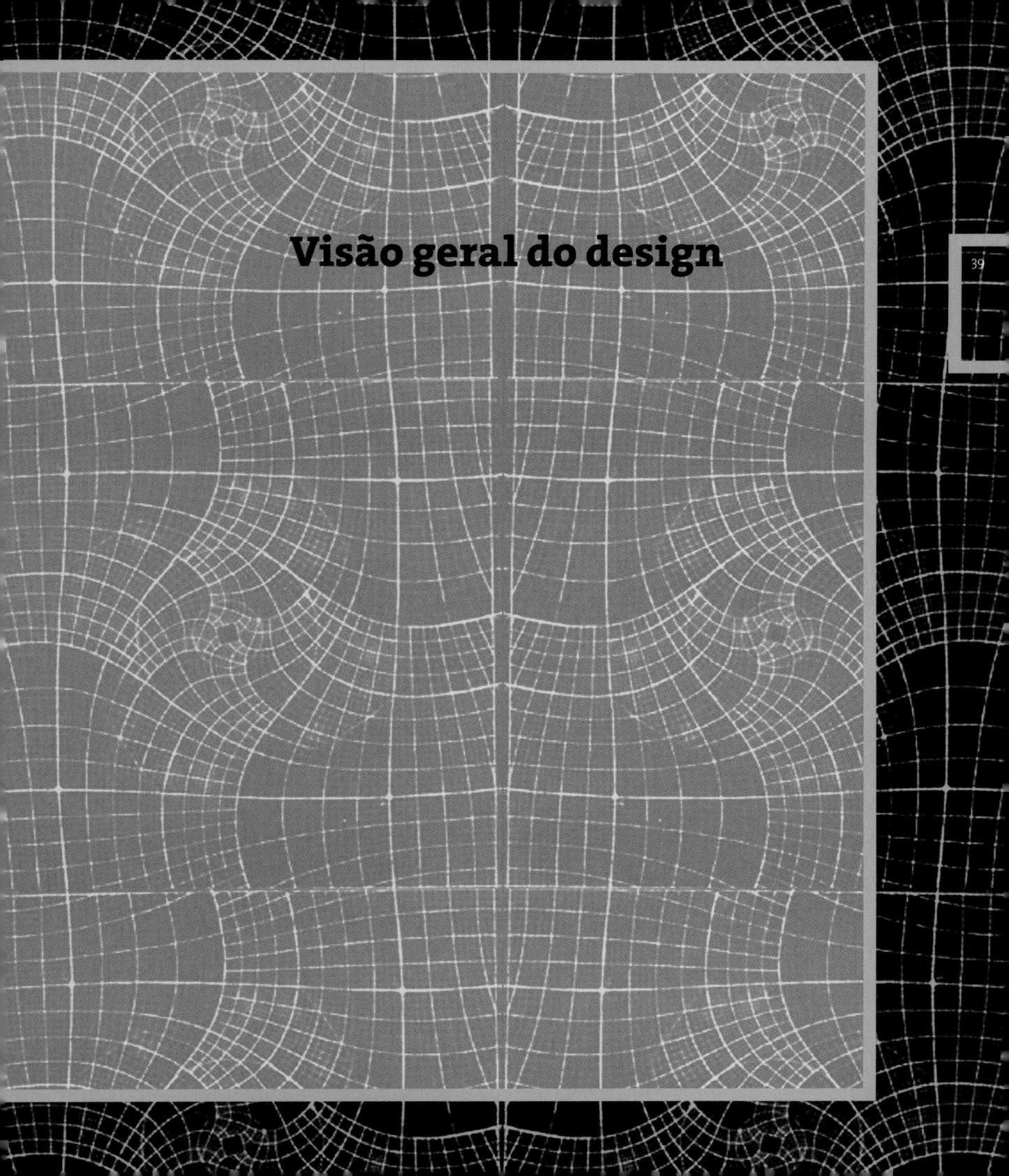

O poder do design

Supermarine Spitfire — Designed by RJ Mitchell
Mini Skirt — Designed by Mary Quant
Mini — Designed by Sir Alec Issigonis
Anglepoise Lamp — Designed by George Carwardine
Concorde — Designed by Aérospatiale-BAC
K2 Telephone Kiosk — Designed by Sir Giles Gilbert Scott
Polypropylene Chair — Designed by Robin Day
Penguin Books — Designed by Edward Young
London Underground Map — Designed by Harry Beck
Routemaster Bus — Design team led by AAM Durrant

O design existe em uma ampla variedade de contextos ligados à sociedade, ao ambiente, à tecnologia, à política e à economia. Altamente influente quando utilizado nos serviços de marketing e *branding*, nos últimos tempos tem se imposto como um meio cativante e atraente de estimular a inovação em contextos de negócios os mais variados. Embora existam alguns conceitos gerais, processos e habilidades comuns a todas as disciplinas de design, cada disciplina obviamente seguirá seu próprio processo específico e altamente refinado.

Design como catalisador

O design é tanto um substantivo (um resultado) quanto um verbo (uma atividade). O "resultado" de um projeto de design pode ser conferido nos produtos, serviços, interiores, edifícios e processos de software com os quais entramos em contato diariamente. A "atividade" de design consiste em um processo de resolução de problemas centrado no usuário. Quer como resultado, quer como atividade, o design precisa ser gerenciado de forma a garantir que os objetivos desejados sejam efetivamente alcançados.

O design preocupa-se com a forma pela qual as coisas são percebidas e sentidas, mas também com o modo como funcionam e operam. "Quase todos os designs implicam certo equilíbrio entre aparência e função, desde os vasos da Grécia Antiga até o mais recente automóvel símbolo de *status*" (Clark e Freeman, 2000). O design se manifesta tanto nos signos icônicos quanto nos símbolos que fazem parte de uma cultura, de uma sociedade e de nossa própria identidade pessoal. É o veículo visual, estético e expressivo de artistas e designers, bem como o processo criativo por trás de muitas descobertas, invenções e inovações.

Na realidade, o design é tanto um processo de resolução de problemas (p. ex., tornar a vida mais fácil) quanto um processo de busca de problemas (p. ex., descobrir necessidades ocultas). Pode influenciar comportamentos, transformar problemas em oportunidades e converter rotinas e procedimentos em processos criativos singulares que agreguem valor. Como tal, o design é um catalisador de mudanças.

1. Em 2009, a Royal Mail, o serviço de correios do Reino Unido, emitiu os selos da série British Design Classics (*página ao lado*) para celebrar um século de design britânico e homenagear alguns dos mais queridos e prestigiados designers do país. Os selos destacam ícones do design do século XX instantaneamente reconhecíveis e possibilitam que os "Best of British" sejam exibidos e enviados mundo afora.

Defendendo o design

As pessoas que conduzem, gerenciam e utilizam o poder do design aprendem a transitar entre diferentes disciplinas, culturas e fronteiras organizacionais, facilitando, empregando e viabilizando a comunicação e a colaboração entre indivíduos os mais diversos. Um gestor de design acredita no poder do design; é capaz de perceber o potencial do design como uma solução em termos de forma e também como um catalisador de mudanças, o que lhe dá convicção e tenacidade para defender agendas de design.

Atingir padrões elevados de qualidade em design requer lideranças fortes – os chamados defensores do design. A CABE (Comission for Architecture and the Built Environment) lidera atualmente uma iniciativa destinada a introduzir "defensores do design" em todos os setores e governos – no conjunto de órgãos públicos responsáveis por fornecer e gerenciar o ambiente construído.

O propósito de um defensor do design, segundo a CABE, é "oferecer liderança e motivação, garantindo que todas as organizações ou projetos relevantes tenham uma visão e uma estratégia claras para a produção de um bom design".

2. Hug Salt & Pepper Shakers (saleiro e pimenteiro abraçados), desenhados por Alberto Mantilla: funcional e charmoso, o design dos utensílios tem apelo universal. Repensar a forma em termos de geometria e ergonomia traz benefícios adicionais em termos de economia de espaço: as duas figuras se abraçam de modo a dar a impressão de formarem uma unidade. Os orifícios dos recipientes formam os olhos, e o ousado uso do preto e do branco simboliza o *yin* e *yang*. © *Design Museum Shop* <www.designmuseumshop.com>

Design e sociedade

Estamos, literalmente, cercados pelo design – na cultura da vida cotidiana e nas comunidades, objetos e espaços que fazem parte de nossa experiência diária. Com efeito, o design reflete o tempo em que vivemos; logo, aquilo que projetamos e o modo como projetamos passam por mudanças.

Haverá sempre um mercado para produtos e serviços que sejam desejados ou necessários, que façam do mundo um lugar melhor, que tornem a vida mais fácil. Alguns desses desejos e necessidades são influenciados por ações de marketing; outros fazem parte de tendências e preocupações sociais mais amplas, como uma maior sensibilização para questões de saúde ou o medo crescente da criminalidade. Essas são áreas nas quais o design pode desempenhar um importante papel explorando visual e conceitualmente, por exemplo, como podemos utilizá-lo para promover o bem-estar e a confiança na sociedade. Cada vez mais temos de lidar com o uso de novas tecnologias, a conectividade global e as crescentes preocupações relativas ao design para a sociedade e ao design pela sociedade.

Diagrama 2: A Hierarquia das Necessidades de Abraham Maslow

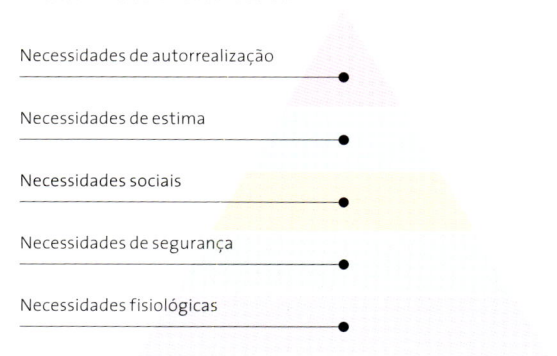

Necessidades de autorrealização

Necessidades de estima

Necessidades sociais

Necessidades de segurança

Necessidades fisiológicas

Design para a sociedade

O design para a sociedade evidencia-se em iniciativas como "Designing for the 21st Century", que examina o contexto em que os designers criam produtos, experiências e ambientes, bem como o papel da tecnologia como ferramenta para a criação de novas formas de oferta de produtos e serviços. As novas pressões impostas às empresas e à sociedade exigem respostas de design que levem igualmente em conta a natureza local e global desses desafios altamente interdependentes e complexos. As iniciativas de responsabilidade social, em particular, constituem ferramentas organizacionais bastante úteis para construir relações positivas com o ambiente externo – e encontrar oportunidades socialmente benéficas para o design. Nas palavras de Hartley e Palmer (2006): "as empresas comerciais devem levar em conta os valores da sociedade, pois, se não o fizerem, poderão acabar isoladas dos valores dos clientes".

Design pela sociedade

O design pela sociedade aborda a questão relativa ao modo como envolvemos os usuários no processo de design – por exemplo, em técnicas de design participativas como o codesign. "Clientes, usuários e *stakeholders* já não são receptores passivos do design; as expectativas estão mais elevadas, e uma maior participação é quase sempre essencial" (<www.design21.dundee.ac.uk>). Os desafios sociais de hoje são a inspiração por trás das novas oportunidades e modelos de negócios estabelecidos pelos empreendedores sociais e impulsionados pelo poder das redes sociais.

Diagrama 2. A Hierarquia das Necessidades (*página ao lado*) ilustra a crença de Abraham Maslow de que as pessoas aspiram à autorrealização, isto é, a realizar todo o seu potencial. Suas concepções acerca do potencial humano têm exercido grande influência sobre nossa maneira de pensar a natureza da sociedade, o valor do trabalho e as motivações que regem o comportamento humano.

1, 2, 3. Estimulando uma alimentação saudável: no Reino Unido, a Food Standards Agency veiculava uma campanha permanente para incentivar meninas adolescentes a melhorar sua dieta e adotar um estilo de vida mais saudável. A Bell (<www.belldesign.co.uk>) desenvolveu a publicidade, o material promocional e o *merchandising* para um torneio de futebol patrocinado. A solução foi a criação da "Eatwell" (coma bem), uma marca nova, original e divertida, apoiada pelo *slogan* "Love yourself" (ame a si mesma) e uma campanha de relações públicas e um site.

Projetos de design

Projetos não existem em um vácuo: todos os projetos participam de um contexto que enseja oportunidades, mas também impõe restrições e limitações. Tanto as restrições quanto as oportunidades são fontes, e catalisadores, de inspiração para os designers. O que a princípio parece ser uma desvantagem ou limitação muitas vezes contribui para a singularidade da solução final.

Respondendo aos desafios

O design constitui um processo de resolução de problemas destinado à solução prática e criativa de desafios particulares. Envolve a "resolução dos problemas" tanto quanto a "busca de problemas", na medida em que muitas necessidades estão implícitas, ocultas, necessitando ser desveladas. O papel do designer consiste em imaginar uma maneira melhor de fazer as coisas, descobrir o problema e procurar a solução por meio do processo de design, para enfim comunicar essa visão futura.

Uma vez identificado o problema de design, têm início o processo de geração de ideias e a avaliação das oportunidades por meio do design. Talvez seja preciso "desenhar" o próprio processo de design; isto é, definir os métodos e a abordagem apropriados para a disciplina e a mídia. Que forma tomará o processo de design e que habilidades de design serão necessárias?

Nessa etapa, são selecionados os membros da equipe de design e fornecido o material que irá inspirá-los, excitá-los ou engajá-los. Há locais relevantes a visitar? Devem os usuários ser observados, entrevistados ou efetivamente envolvidos? Que tal falar com fabricantes ou prestadores de serviços? Quais as pesquisas de mercado disponíveis? Em *Designing for People* (1955), Henry Dreyfuss destaca que o designer precisa ser "um observador perspicaz do gosto público [que] diligentemente cultivou [seu] próprio gosto. [Alguém que tenha] conhecimento das técnicas de *merchandising*, do modo como as coisas são produzidas, embaladas, distribuídas e exibidas".

Design thinking

Esta etapa bastante precoce de um projeto é precisamente aquela em que deve ser introduzido o "design thinking" no processo de resolução de problemas. Como observa Tim Brown, CEO da consultoria de design IDEO, "uma vez que o design tempera praticamente todas as nossas experiências, de produtos a serviços, passando por espaços, um pensador do design deve explorar uma 'paisagem de inovação' que tenha a ver com as pessoas, suas necessidades, tecnologia e negócios" (2008).

Embora alguns problemas de design possam desencadear soluções inteiramente novas e originais, a maioria das soluções de design baseia-se em modificações de paradigmas vigentes – por exemplo, a forma e função reconhecíveis no formato de uma cadeira ou taça. É importante, pois, que os designers aprendam com aquilo que funcionou anteriormente, e não inventem uma nova solução apenas pelo prazer de ser diferentes.

1. A agência de design holandesa Ping Pong utiliza cartões para explorar criativamente cenários hipotéticos com clientes e *stakeholders*, a fim de envolvê-los e levá-los a pensar abertamente sobre os desafios apresentados e as oportunidades disponíveis. Explorar ideias com a mente aberta nos estágios iniciais dos projetos ajuda a estimular o diálogo e o debate.

2. A Arup é uma empresa independente de designers, projetistas, engenheiros, consultores e especialistas técnicos. Sua Foresight Team criou um conjunto de cartões identificando os "*Drivers* da Mudança" que afetam o futuro – energia, água, mudanças climáticas, desperdício, urbanização, pobreza e demografia. Os cartões são usados como ferramentas para facilitar discussões sobre design – e para inspirar novas maneiras de pensar os problemas de design.

1

Entre no domínio do possível. Não há limites.
Tudo é permitido. Pegue sua ideia e explore-a ao máximo.
Lembre-se: tudo é possível. Descreva sua ideia dentro deste contexto recém-imaginado.

Fato: Estima-se que uma edição do *New York Times* contenha mais informações do que uma pessoa do século XVII poderia reunir ao longo da vida. Naquela época, o advento da publicação impressa promoveu um grande aumento do material de leitura, embora a vasta maioria das pessoas tenha permanecido analfabeta.
E se o seu público-alvo fosse constituído por pessoas analfabetas? Como pareceria sua ideia?

Imagine um esforço de colaboração entre a sua empresa e a Domino's pizza. Quais são as possibilidades?

2

O processo de design

O design é um processo iterativo, cíclico e não linear. Consiste uma série de *feedbacks* de investigações criativas que refinam cada "iteração" sucessiva com o objetivo de alcançar uma solução de design.

Disciplinas de design

Designers trabalham tanto individualmente como em equipes, em grupos de uma só disciplina e também de múltiplas disciplinas (interdisciplinares). Podem e precisam trabalhar em ambientes tranquilos propícios à reflexão e à análise, mas também em equipes colaborativas que levem a explosões de *insights* repentinos. O processo é levado adiante até que uma solução ou um portfólio de soluções, como produtos, serviços, ambientes ou comunicações, seja alcançado. Tal solução precisa preencher os requisitos e critérios para o sucesso delineados no *briefing*.

Diferentes disciplinas de design comportam diferentes processos e metodologias adequados a seus objetivos e resultados. No âmbito da indústria do design, as consultorias tendem a diferenciar seus serviços e etapas de design de modo a apresentar um processo "exclusivo". No entanto, examinando-se os processos criativos em geral, é possível identificar certos aspectos comuns a todos os processos e disciplinas de design. O núcleo fundamental do "processo criativo" caracteriza-se pelos seguintes estágios, conforme delineados por Csikszentmilyi, 1996.

Preparação: imersão em um conjunto de questões problemáticas que sejam interessantes e despertem a curiosidade.

Incubação: as ideias são remoídas, abaixo do nível da consciência, resultando em associações incomuns.

Insight: as peças do quebra-cabeça começam a se encaixar.

Avaliação: decidir qual o *insight* de maior valor, aquele que vale a pena concretizar.

Elaboração: transformar o *insight* em algo real.

Métodos de design

Como forma de fundamentar o processo de design, os designers levam em conta as necessidades específicas dos usuários para os quais realizam o design, bem como os processos de produção necessários para levar o design ao mercado. Várias são as técnicas e abordagens que permitem conhecer melhor as necessidades dos usuários, a saber: acompanhá-los ou observá-los em ação; métodos etnográficos (como observar os usuários em seu próprio contexto ambiental); e pesquisa documental de design por meio de jornais fotográficos e diários. Conversar com fabricantes pode proporcionar inspiração para o uso de materiais ou processos de produção. Os *insights* obtidos pelo designer ao permitir que os consumidores/usuários e produtores/fabricantes informem seu pensamento inevitavelmente inspiram soluções mais singulares e criativas.

1, 2, 3, 4. A Smart Design cria produtos e serviços relevantes para as necessidades e desejos dos consumidores. De seu "Smart Thinking" resultaram algumas filosofias duradouras que fundamentam seus processos de design.

1

Smart Thinking on Addressing Gender: compreender as diferentes maneiras pelas quais mulheres e homens avaliam os produtos pode resultar em designs mais adequados às necessidades dos consumidores em geral.

2

Smart Thinking on Considering Age: sensibilidade às diferentes capacidades físicas e cognitivas das pessoas – sejam elas jovens ou idosas – proporciona um design verdadeiramente universal.

3

Smart Thinking on Humanising Technology: interações simples, naturais e instintivas constroem experiências significativas, conferindo aos produtos valor duradouro.

4

Smart Thinking on Understanding Emotions: vínculos profundos com os consumidores são cruciais para o sucesso dos produtos e para a permanência de suas marcas.

Habilidades de design

Os designers são habilidosos em comunicar o processo de design, solicitar *feedback* dos *stakeholders* e garantir a aprovação do cliente para seguir em frente. São também habilidosos em comunicar como será a solução final de design – experiencial, estética, visual e funcionalmente.

Comunicação visual

A capacidade de comunicação – visual, verbal e escrita – constitui o denominador comum fundamental de qualquer esforço que envolva pessoas, sendo vital para engajar os clientes e assegurar os recursos, o tempo, a energia, o apoio, a convicção e o comprometimento necessários para a conclusão de um projeto.

Empregar a linguagem visual correta para estruturar essas discussões é uma das oportunidades ocultas do design de comunicação – a prática de comunicar ideias mediante linguagem visual, a fim de transmitir uma mensagem. A comunicação visual implica contar uma história, de forma atraente e persuasiva, em palavras, imagens, gráficos, cores e texto. A linguagem que empregamos, a linguagem visual que criamos e o formato no qual apresentamos nossas ideias exercem notável influência sobre o modo como uma história é recebida pelo público, determinando se despertará algum interesse, obterá respaldo e, em última análise, será aceita ou rejeitada. Os designers atuam nas empresas quer como "facilitadores" das ideias e conversas de outras pessoas, quer como "pensadores de design", adotando uma abordagem tangencial, de resolução de problemas, aos desafios enfrentados pelas organizações, pela sociedade e pelo meio ambiente.

Protótipos de design

Grande parte do processo de desenvolvimento de design envolve a "prototipagem" – a elaboração, modelagem ou representação em maquete, de forma tangível ou visível, de determinados estágios do processo de design, de modo a se poder pensar a ideia do design com mais detalhe e profundidade.

Os protótipos podem variar desde visualizações conceituais produzidas manualmente ("prototipagem em papel", mais rápida e econômica) até imagens 2D e 3D geradas por computador, passando por modelos físicos em escala ou tamanho real ("prototipagem rápida", que utiliza tecnologia digital para criar modelos físicos em 3D com materiais precisos, acabamentos de superfícies e especificações de design).

A prototipagem é parte vital do processo de design, pois permite que novas ideias sejam testadas, avaliadas e otimizadas antes da alocação de orçamentos e recursos para os estágios finais (e dispendiosos) de entrega. Ainda que diversas soluções alternativas possam ser geradas em um estágio inicial do processo de design, normalmente apenas uma solução será selecionada para posterior desenvolvimento – a solução ideal que satisfaz (ou excede) as exigências do *briefing*, as necessidades dos *stakeholders* e os critérios predefinidos para o sucesso.

A prototipagem é excelente para convencer um cliente dos méritos (e do argumento comercial) do design, bem como para garantir o envolvimento dos indivíduos mais importantes para o sucesso do projeto – seja porque possuem, por exemplo, um conhecimento técnico específico, seja porque oferecem apoio financeiro indispensável.

1. Invenção é o negócio da Dyson. O processo de invenção é longo e iterativo, marcado por sucessivos testes em que, a cada vez, altera-se uma pequena variável a fim de melhorar o design.

2. Como parte do processo de design, protótipos e máquinas novas são testados em laboratórios e domicílios para a verificação de características como durabilidade e confiabilidade. A realização de testes rigorosos e repetitivos por meses a fio constitui um processo lento e exaustivo, mas que resulta em aprimoramentos contínuos. A câmara semianecoica é utilizada durante o desenvolvimento para medir o nível de ruído produzido por um aspirador.

3. O desenvolvimento de novos produtos inicia com uma ideia que funciona. Os engenheiros da Dyson muitas vezes têm ideias testando o ridículo, o que pode estimular conceitos extraordinários. Muitas das ideias que experimentam revelam-se "equivocadas", mas a empresa acredita que isso seja um fator positivo. Ideias equivocadas e erros novos são incrivelmente valiosos – estimulam possibilidades e respostas impensadas, inimagináveis.

4. A Dyson projetou uma série de aspiradores leves e compactos ideais para públicos mais velhos e lares com pouco espaço para guardar coisas. O Dyson DC24 é montado sobre uma base de forma esférica que gira com facilidade – oferecendo maior manobrabilidade que os aspiradores tradicionais. O motor é instalado dentro dessa esfera, tornando o utensílio mais leve de carregar e ainda mais fácil de manejar.

Planejamento

Executar projetos de design requer um plano de ação. Planejar é o processo de decidir e organizar o modo como algo será feito, antes de iniciar a execução do projeto. O planejamento de design implica identificar como um projeto será montado, gerenciado e executado; que recursos serão necessários; e que ações terão de ser tomadas, por quem e quando.

Restrições de projeto

Ao planejar o projeto, os gestores de design precisam definir alguns fatos fundamentais. Quais os objetivos estratégicos e operacionais do projeto? Que escopo, resultados e critérios de sucesso foram acordados para o projeto? Quais os cronogramas, prazos e orçamentos definidos? Se as condições fundamentais do projeto não forem realistas, o gestor de design terá de considerar renegociá-lo ou mesmo abortá-lo antes de empenhar recursos e montar a equipe de execução para um provável fracasso.

Relações de projeto

Inevitavelmente, os resultados alcançados na execução final de um projeto espelham o esmero e a acuidade das etapas iniciais de seu planejamento. O sucesso do projeto depende da combinação de um planejamento rigoroso, uma boa execução e a consideração cuidadosa das relações e dos processos decisórios fundamentais entre o cliente, a equipe e o projeto propriamente dito:

Cliente: Quem é o patrocinador do projeto? O contato do cliente? O contrato, com seus termos e condições, foi assinado? É necessário um acordo de confidencialidade? Como será realizado o pagamento das comissões e despesas?

Equipe: Que competências são necessárias para a equipe de projeto? Tais competências estão disponíveis internamente, ou será necessário contar com competências externas (obtidas, por exemplo, a partir de recomendações profissionais ou alguma lista ou registro de designers)? Onde a equipe trabalhará? Com que frequência deverão ocorrer as reuniões de equipe?

Projeto: Foram compreendidas as funções, responsabilidades e obrigações dos membros da equipe de projeto? Realizou-se alguma avaliação de risco?

Foram identificados e garantidos os recursos necessários à execução do projeto? Definiu-se o orçamento?

1, 2. Fases posteriores de design, como a do planejamento do projeto, são tão importantes quanto as fases iniciais de conceito. O estúdio Robert Majkut Design, em Varsóvia, foi o responsável pelo design dos interiores da butique Moliera 2, "lar" das marcas globais Valentino e Salvatore Ferragamo na capital polonesa. Todas as butiques Valentino espalhadas pelo mundo obedecem a rigorosas diretrizes de qualidade de marca e design.

Os processos de planejamento de projeto compreendem tipicamente sete áreas de atividade (Young, 1997):

- Revisar a definição do projeto
- Extrair a lógica do projeto
- Preparar o cronograma inicial
- Realizar análise de recursos e custos
- Otimizar e satisfazer as necessidades de consumo
- Validar e aprovar o plano do projeto
- Iniciar o projeto

Dez razões para o fracasso de um projeto (Brinkoff e Ulrich, 2007):

1. Objetivos não definidos com clareza
2. Participantes não comprometidos com o projeto
3. Apoio inadequado da gestão
4. Falta de confiança entre os parceiros
5. Carência de habilidades integrativas por parte dos líderes do projeto
6. Problemas tratados com demasiada lentidão
7. Progresso pouco consistente
8. Comunicação insuficiente com os parceiros
9. Equipes fracas – em geral "mal-escaladas" ou escolhidas equivocadamente
10. Conflitos não resolvidos de forma construtiva

Gestão de projetos

Uma vez planejados, os projetos precisam ser gerenciados – normalmente por um gerente de projetos. A gestão de projetos consiste no planejamento e na coordenação dos recursos necessários para que um projeto seja elaborado dentro do prazo, do orçamento e dos padrões de qualidade definidos. Implica a coordenação dos recursos financeiros, materiais e humanos necessários à sua conclusão, bem como a organização das atividades que o compõem.

Gerenciando projetos

A gestão de projetos envolve o equilíbrio de três critérios: tempo (cronograma), custo (orçamento) e qualidade (desempenho). A maioria dos projetos prioriza um ou dois desses critérios (p. ex., o tempo e a qualidade em detrimento do custo, ou o custo e o tempo em detrimento da qualidade). Entretanto, para a conclusão satisfatória de um projeto, cumpre que os três fatores estejam em equilíbrio. O modo como estão equilibrados determinará se o projeto será considerado um sucesso ou um fracasso.

A Association for Project Management (APM) define a gestão de projetos como "o processo pelo qual projetos são definidos, planejados, monitorados, controlados e entregues de modo a que os benefícios acordados sejam concretizados". A APM decompõe esse processo em quatro etapas:

Organização do projeto: preparar o *briefing* do projeto; definir os requisitos da equipe de projeto, seus métodos de trabalho e as medidas de desempenho; especificar os recursos necessários; elaborar um cronograma esquemático; identificar atividades, obter recursos para o projeto, aprovar as condições contratuais, revisar propostas.

Estrutura de decomposição do projeto: desenvolver um cronograma detalhado (a exata sequência e programação das atividades); garantir recursos para o projeto; identificar e aprovar procedimentos (o modo como as tarefas serão executadas).

Planejamento e fases do projeto: gerenciar o desempenho e as responsabilidades da equipe de projeto (quem fará o quê); examinar o progresso do projeto; cumprir as exigências regulatórias; revisar e supervisionar as finanças e os controles financeiros; monitorar e ajustar o plano do projeto; gerenciar a equipe de projeto; manter comunicação com os *stakeholders* do projeto; coordenar, acompanhar e controlar o cronograma do projeto.

Risco do projeto: conhecimento dos riscos; controle dos riscos; gestão dos riscos.

Diagrama 3. Os três fatores que influenciam qualquer projeto são o tempo, o custo e a qualidade, sendo a relação entre esses fatores a principal preocupação de um gerente de projeto. Todos os clientes têm prioridades diferentes, de modo que quaisquer necessidades e exigências conflitantes devem ser equilibradas e gerenciadas dentro do projeto, a fim de garantir a perfeita integridade do resultado final.

Diagrama 3: Os três fatores-chave do projeto

Tempo

Qualidade — Custo

Ferramentas de gestão de projetos

Para alcançar a meta de um resultado de projeto bem-sucedido, as ferramentas de gestão de projetos ajudam o gerente de projeto a organizar seu tempo com mais eficiência, sequenciar, ordenar e priorizar as relações, gerenciar os riscos dentro do prazo e comunicar o *status* atualizado do projeto à equipe e aos *stakeholders* a intervalos regulares. Ajudam também a gerenciar documentos para fins contábeis, referenciais e (possivelmente) legais.

O plano de gestão de projetos (PMP) é o documento de referência para o gerenciamento do projeto (APM, 2009). Geralmente, assume a forma de um "diagrama de Gantt" – um documento de referência na forma de diagrama de barras ou linha do tempo, montado e utilizado pelos gerentes de projeto para planejar, gerenciar e entregar o projeto. Os diagramas de Gantt são criados em aplicativos como o Microsoft Project.

1. Uma gestão de projetos meticulosa garante que os projetos sejam concluídos até os últimos detalhes dos acabamentos, como vemos neste interior da butique Moliera 2, em Varsóvia, projetado por Robert Majkut Design (*à direita*). As aplicações similares a rosas, inspiradas pelos motivos nos vestidos, bolsas e acessórios, refletem-se nos temas em baixo-relevo que adornam as paredes. Pedras, papéis de parede e vidros de alta qualidade formam sofisticadas combinações de texturas, cores e materiais, seguindo as diretrizes da marca Valentino. O candelabro "Flore Cascade" foi feito sob medida pela designer Sharon Marston. O projeto cumpriu as determinações do *briefing* ao honrar a qualidade, o estilo predeterminado e os padrões globais da marca, sem deixar de conferir um toque de design exclusivo ao local.

O sucesso do projeto de design

Um projeto bem-sucedido não deve apenas atender aos requisitos do *briefing*, mas também satisfazer e alinhar-se ao caso comercial, à visão e aos valores da marca, bem como ao mercado/clientes visados aos quais se destina o resultado.

Avaliando projetos

A conclusão e entrega de um projeto constitui a etapa final do projeto de design e parte importante da criação de uma "base de conhecimentos" para projetos e relacionamentos futuros.

A avaliação de um projeto deve incluir a revisão do projeto, bem como a realização de um *debriefing* com o cliente, a equipe do projeto e os usuários. Foram preenchidas as necessidades dos *stakeholders*? Qual a avaliação do projeto em relação aos critérios de sucesso estabelecidos no início do processo? Que benefícios foram concretizados? Uma prática recomendável é arquivar as informações do projeto de modo a assegurar que tal documentação possa ser acessada no futuro, caso necessário.

Medindo o valor do design

Medir o valor de um design é difícil porque seus critérios de sucesso são mais fáceis de explicar em termos qualitativos (melhor imagem de marca, maior aprendizado organizacional, melhor comunicação etc.) do que quantitativos (lucros, unidades vendidas, maior participação de mercado). Ademais, os benefícios de um design costumam revelar-se com o tempo, não instantaneamente (mediante, por exemplo, valores relativos a vendas diretas ou aumento dos lucros). Definir e aprovar medidas de desempenho apropriadas para um design e incorporá-las às metas do projeto e aos critérios de avaliação do sucesso é uma das funções fundamentais do gerente de projeto. É também uma das maneiras mais importantes de demonstrar como a atividade de design pode gerar "retorno sobre o investimento" tanto em termos financeiros quanto não financeiros.

Tabela 3. O Design Management Institute (DMI) listou nove maneiras de medir o sucesso do design nas empresas. Esses critérios podem ajudar a aprimorar e avaliar o papel do design no desempenho empresarial. (*Lockwood, 2007*)

Tabela 3: Nove maneiras de medir o sucesso do design nas empresas

Influência/inovação nas decisões de compra	Tempo de colocação no mercado/melhoria dos processos
Possibilita estratégia/novos mercados	Redução dos custos/ROI
Confere emoção em produtos e serviços	Satisfação do cliente
Reputação/consciência/valor de marca	Desenvolvimento de comunidades de clientes
	Bom design é bom para todos/tripé da sustentabilidade

Fonte: DMI, 2007

1. O iF Award é uma marca internacionalmente reconhecida de excelência em design – um selo de qualidade para produtos e serviços, bem como um símbolo do bom design e do pensamento inovador e empreendedor.

2, 3, 4. O Design Museum (2 e 3) é o campeão cultural de sucesso em design no Reino Unido, tanto em termos de história do design moderno quanto da inovação do design contemporâneo. Suas exposições captam o entusiasmo, a evolução, a engenhosidade e a inspiração do design, da arquitetura e da moda ao longo dos séculos XX e XXI. Maior financiador do ensino do design no Reino Unido, o Design Museum atua como ponte entre a comunidade de design, a indústria e a educação (4). Os mais eminentes designers e arquitetos do mundo são convidados a participar de eventos e exposições públicos promovidos pela instituição.

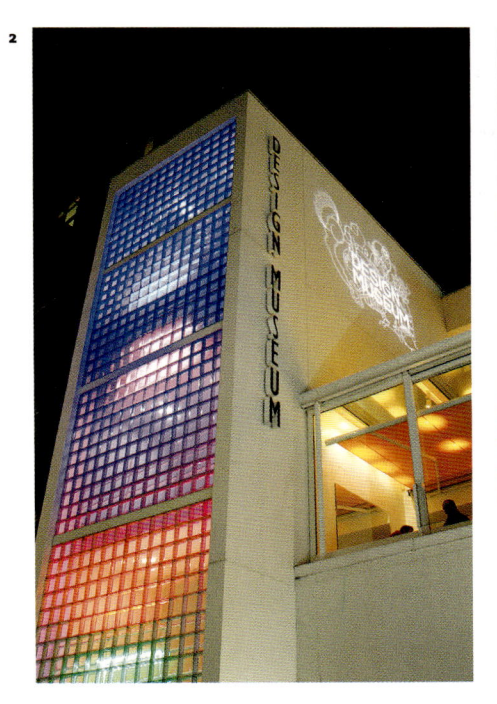

Investimento na excelência em design

O sucesso de um design também pode ser medido comparativamente, examinando-se *benchmarks* como concorrência, revisões por pares e imprensa e prêmios de design. Para ilustrar o modo como as premiações de design avaliam o desempenho, o iF Concept Design Award emprega os seguintes critérios: qualidade de design; grau de inovação; visualização do uso/interface; grupo focal visado; tarefas e objetivos; grau de elaboração; relevância/conveniência social; compatibilidade ambiental; princípios de design universal; escolha de materiais; funcionalidade; segurança; usabilidade.

É importante lembrar que medir o valor de um design nem sempre faz parte das atribuições do gestor de design e de seus projetos. Na maioria das vezes, a decisão de comprometer-se com um projeto é tomada com base nos critérios de retorno sobre o investimento (ROI) que integram uma decisão comercial maior ou um argumento comercial mais estratégico. O essencial para o gestor de design é ser a voz do design e influenciar o máximo que puder a percepção do valor do design dentro da estrutura organizacional.

Legible London: uma nova maneira de caminhar pela capital do Reino Unido

Legible London (Londres Legível) é "parte de um programa integrado de informações de transporte para o centro de Londres que auxilia as pessoas a planejar e executar suas jornadas independentemente do meio de transporte que escolherem". (*Yellow Book*, 2007)

O sistema consiste em 19 placas de rua, mapas fixados em paradas de ônibus e placas de sinalização na estação de metrô de Bond Street, bem como em guias de área e mapas sonoros. A ideia é integrar informações de rua com orientações nos terminais das estações, informações em paradas de ônibus e um mapa impresso para passeios a pé, bem como "transformar a atual abordagem fragmentada de informações para pedestres em um sistema único, confiável, consistente e definitivo" (<www.legiblelondon.info>).

A área da Bond Street, no West End de Londres, foi escolhida para o teste do protótipo devido a um compromisso firmado pela Transport for London (TfL) e pelo setor privado no sentido de melhorar as condições de deslocamento e sinalização para os pedestres que transitam nessa movimentada área. Com suas lojas, museus, galerias, hotéis, restaurantes e demais opções de entretenimento, a Bond Street atrai cidadãos de Londres, visitantes e turistas.

Caminhando em Londres

A meta do projeto "Walking Plan for London", estabelecida pelo prefeito de Londres, era transformar a capital britânica em uma das melhores cidades do mundo para se caminhar: "Os pedestres serão direcionados às principais atrações da cidade. Sinalizações desnecessárias serão removidas para que, com um único conjunto reconhecível de informações, fique mais fácil orientar-se pelas ruas" (*Yellow Book*, 2007).

Os especialistas em design de informação do Applied Information Group (AIG), em colaboração com Lacock Gullam, realizaram o estudo inicial da sinalização do centro de Londres, bem como o design e o sistema final de informação para o protótipo do Legible London. O AIG tem por especialidade o desenvolvimento e gerenciamento de comunicações e programas de identidade, bem como a criação e apoio de arquiteturas de informação tanto em ambientes físicos como nas mídias interativas.

O estudo inicial constatou a presença de 32 diferentes sistemas de sinalização para pedestres no centro de Londres. Para transitar pela localidade, as pessoas costumavam orientar-se pelo mapa do metrô, que distorcia sua noção real das distâncias ao levá-las a considerar o trajeto entre as estações longo demais para completar a pé. O estudo constatou também que as pessoas estavam evitando deslocar-se a pé pela cidade por o considerarem um meio demasiado lento e complicado em comparação com outras formas de transporte.

1, 2, 3, 4. Financiado pela cidade de Westminster, pela Prefeitura de Londres e pela Transport for London (TfL), o Legible London foi criado com o propósito de implantar um sistema confiável e padronizado que oferecesse melhores informações para pessoas que desejassem caminhar pela cidade (1 e 4). "O 'pedestre' do Legible London (3) é instantaneamente reconhecível e deriva do símbolo universal empregado para representar o ato de caminhar" (2) (*Yellow Book*, 2007).

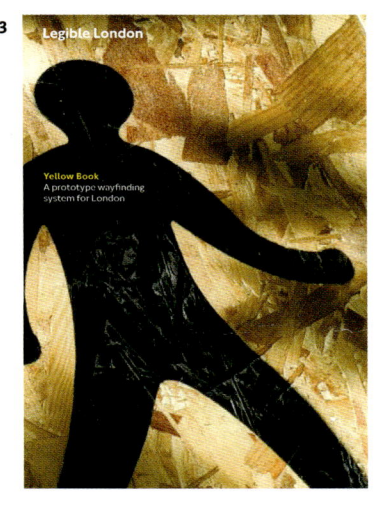

Design gráfico ambiental

As 19 placas de sinalização em aço esmaltado concebidas pelo projeto Legible London foram instaladas nas ruas do West End de Londres, em locais e interseções estratégicos. No intuito de reduzir a poluição visual das ruas, um total de 46 objetos foi removido dessa área, tendo sua função anterior sido incorporada ao novo design das sinalizações. "A substituição de informações redundantes e ociosas por um menor número de designs úteis melhora a imagem da rua, ao mesmo tempo que diminui as distrações para os pedestres", diz o *Yellow Book* (2007), livro que acompanha o Legible London e expõe a história do projeto e a linguagem visual que emprega.

Um sistema de placas

Como parte do novo sistema, "uma família de tipos de sinais para pedestres", baseada na utilização de um mapa, foi implementada. Os monolitos e minilits (estruturas fixas amplas e estreitas, respectivamente, contendo informações de localização e orientação) atuam igualmente como identificadores de área e facilitadores de itinerários. Compartilham convenções de design que ajudam os usuários a familiarizar-se com a linguagem de design do sistema de localização e orientação, bem como os auxilia a desenvolver mapas mentais da área. O elementos de design incluídos nesse sistema incluem:

- O símbolo do "**pedestre**", identificado em uma faixa amarela no topo da placa e perfeitamente visível à distância.

- **Endereços** com uma convenção de tipografia, cor e nomenclatura coerente com os mapas impressos.

- **Informações direcionais** indicando o caminho para municípios, bairros e comunidades dos arredores de Londres – referidos como "*villages*" – ou áreas de interesse, bem como chamando atenção para atrações turísticas das cercanias eventualmente ignoradas ou despercebidas.

- Um **mapa de planejamento** para orientar o espectador quanto à distância e duração dos trajetos e itinerários.

- Um **mapa de localização** indicando coisas em um raio de cinco minutos e identificando pontos de referência locais ao alcance dos olhos.

- Um **guia de rua** indexado alfabeticamente e relacionado ao mapa.

Cada nova estrutura de sinalização faz uso consistente do sistema de cores, símbolos, mapas, guias de rua e placas direcionais, no intuito de ser tão inclusiva quanto possível para os mais diferentes usuários e capacidades (p. ex., pessoas pouco familiarizadas com a cidade, passageiros interurbanos, deficientes visuais, cadeirantes ou estrangeiros.)

Elementos de design

Tipografia: O AIG utilizou a tipografia da Transport for London, "New Johnston", como fonte de identificação do novo sistema – um tipo originalmente desenvolvido por Edward Johnston para a rede de transporte metropolitano de Londres em 1916. Ao aproveitar essa fonte existente, o AIG ampliava os benefícios de consistência e a familiaridade já existente dos usuários do transporte público com esse estilo de tipografia – integrado como estava à estrutura da cidade. Após consulta com o Royal National Institute for the Blind (RNIB) do Reino Unido, ficou estabelecido que a utilização de um tamanho de fonte mínimo de 12pt seria desejável e prático para facilitar a leitura por parte de pessoas com deficiência visual.

Todos os textos que compõem o sistema de sinalização são ajustados de modo a contrastar nitidamente com a cor de fundo (System Service Information Standard). Letras maiúsculas (caixa-alta) são de uso corrente nas placas de sinalização e de rua de Londres, tendo o AIG optado por aproveitar essa convenção existente por favorecer os falantes de idiomas não baseados no alfabeto latino. Com ela, declara o *Yellow Book*, "os visitantes possivelmente acharão mais fácil relacionar as ruas no mapa às placas de rua" (2007).

Sistema de cores: Os protótipos de placas e mapas utilizam cores de alto contraste para máxima legibilidade: notadamente, um fundo azul-escuro com texto branco ou amarelo, ou um fundo amarelo com texto preto. Para especificações de impressão, as cores da TfL são indicadas utilizando-se o modelo CMYK e o Pantone Matching System (PMS), ao passo que as especificações de tinta são indicadas pelo Natural Colour System (NCS).

Símbolos pictográficos: O padrão pictográfico adotado pela Transport for London, já existente, foi projetado para oferecer uma fonte de referência pictográfica para o conjunto dos meios de transporte do grupo TfL. Os pictogramas baseiam-se no British Standard for Pictograms e deveriam ser claros em significado e consistentes no seu design.

Para o protótipo do Legible London, o símbolo do "pedestre" da TfL foi utilizado como modelo para as placas e estruturas de sinalização e orientação. Símbolos como este, perfeitamente visível à distância, são de grande utilidade sobretudo para portadores de deficiências físicas, na medida em que os auxiliam a identificar a localização de escadas, rampas e banheiros especiais (*Yellow Book*, 2007).

Mapas: Os mapas utilizados no protótipo do Legible London incluem detalhes sobre a relação entre distância e tempo, de modo que pessoas com limitada capacidade de locomoção podem estimar melhor o tempo necessário para alcançar um destino desejado, bem como indicações de convenientes pontos de descanso ao longo do trajeto onde poderão fazer breves intervalos em sua caminhada. Imagens de edifícios em 3D proporcionam uma representação literal de prédios e pontos de referência, ao mesmo tempo em que tornam a leitura dos mapas mais intuitiva (*Yellow Book*, 2007). Nos mapas impressos, que podem ser obtidos nas estações do metrô, os usuários encontram um design e um sistema de referência compatíveis com o protótipo das placas de sinalização.

As informações direcionais indicam o caminho para áreas vizinhas e atrações turísticas eventualmente ignoradas ou despercebidas. A base de cada placa indica a direção norte mediante o uso de um símbolo de flecha gravado. Os guias de rua, ou "localizadores de ruas", são indexados alfabeticamente e correlacionados aos mapas das placas e aos mapas impressos.

Metodologia de avaliação

Pesquisas realizadas antes e depois da instalação do sistema permitiram medir e confirmar de forma inequívoca o sucesso desse sistema de informações para pedestres baseado em mapas de alta qualidade. O projeto continha três objetivos: (1) melhorar de modo mensurável o conhecimento público da área com informações sobre caminhada, beneficiando o sistema de transporte e a saúde pública; (2) realizar prova de conceito para apoiar o argumento comercial da TfL e assim estabelecer o Legible London como um projeto emblemático; e (3) implantar um sistema de qualidade que pudesse ser sistematizado para uso em toda a capital, confirmando a necessidade de um sistema de orientação para pedestres dessa natureza.

A pesquisa utilizou uma combinação de métodos qualitativos e quantitativos, incluindo 600 observações comportamentais, 100 caminhadas acompanhadas com definição de tarefas, grupos focais e 2.600 entrevistas. O Pedestrian Environment Review System (PERS), conhecido em toda a Inglaterra, foi a metodologia empregada para examinar e avaliar a qualidade das redes de pedestres. Benefícios mensuráveis foram identificados, como, por exemplo, o fato de 62% das pessoas afirmarem que tal sistema as estimulava a caminhar mais.

O relatório do "Walking Plan for London" reconhecia a necessidade de criar um ambiente urbano seguro, atraente e acessível que melhorasse a experiência dos londrinos nas vias públicas e sua atitude perante a locomoção a pé. Com a população de Londres prevista para aumentar em 800 mil pessoas até 2025, incrementar as jornadas a pé é uma importante maneira de ajudar a administrar as demandas que tal aumento certamente imporia a um sistema de transporte metropolitano já sobrecarregado. Essas iniciativas também fazem parte de um ambicioso plano para renovar o West End antes dos Jogos Olímpicos de Londres, a realizarem-se em 2012, bem como para encorajar os turistas a aventurar-se longe dos lugares mais populares.

O novo sistema de sinalização, que atualmente se estende a outras áreas de Londres, está transformando a experiência das pessoas que visitam uma área com uma série preciosa de lojas e restaurantes ao ar livre, dotada de muitas e ricas camadas de história cultural.

De acordo com o AIG, trata-se do maior sistema coordenado de sinalização e orientação para pedestres do mundo, apoiando uma mudança cultural global rumo a um uso mais sustentável das cidades.

Sorena Veerman
PARK

Com sede nos Países Baixos, a PARK auxilia empresas a dirigir equipes de design internas ou parceiros de design externos. A maior parte dos clientes da PARK compõe-se de diretores de design de empresas de médio a grande porte do setor de produção com funções internas de design.

Habilidades de design; métodos, ferramentas e processos

"Sermos *dedicados* aos nossos clientes e à nossa profissão. Sermos *persistentes* ao lidar com os desafios e criar as soluções certas para o longo prazo, por mais difícil que isso às vezes possa ser. Sermos *surpreendentes* na adoção de um pensamento holístico e criativo e na utilização de visualizações penetrantes. Sermos *verdadeiros* e pessoais nas relações com o cliente e nos desafios empresariais.

Como consultora da PARK, enfrento muitos desafios. As qualidades há pouco elencadas permitem a mim e meus colegas trabalhar com diversos clientes na área de gestão do design. Construímos com eles relações pessoais e os ajudamos a desenvolver produtos melhores e experiências mais satisfatórias para seus clientes e usuários.

Trabalho em projetos com duração de um a cinco anos, durante os quais ajudo as empresas a organizar e integrar melhor suas atividades de design. Esse longo cronograma é necessário para garantir que mudanças nas estratégias, organizações e processos sejam desenvolvidas e adotadas pelo cliente antes de darmos o trabalho por concluído.

Aumentar o valor do design mudando o enfoque do design, especificando o papel de liderança do design e assegurando uma melhor integração do design com seus processos quase sempre requer uma mudança de cultura – e isso não acontece da noite para o dia.

Para gerenciar esses projetos, a PARK define quatro fases fundamentais: análise, criação, desenvolvimento e implementação. Alguns projetos englobam todas as fases; outros, apenas algumas. Para mim, cada uma dessas etapas contém desafios próprios e específicos. Por exemplo, na fase de análise, tenho de coletar informações relevantes, avaliar sua importância e definir as relações relevantes. Meu desafio específico, no entanto, é inserir a análise no contexto certo o mais breve possível. Por exemplo, se entrevisto os gerentes de negócios e os gerentes de projeto da Grundfos sobre gestão de design, as perguntas que faço orientam as respostas que recebo. Logo, preciso formulá-las com muita cautela para obter informações relevantes.

A fase de criação é onde definimos a direção a ser tomada. Meu desafio aqui é manter uma visão holística da empresa e definir a solução que mostre o quadro geral da situação. Mais tarde, utilizo a fase de desenvolvimento para aprofundar-me nos detalhes. Nessa fase de desenvolvimento, preciso também certificar-me de desenvolver ferramentas e materiais relevantes para os *stakeholders* internos.

Isto posto, meu principal desafio em geral é envolver os *stakeholders* do projeto no momento certo e com a abordagem certa. Preciso começar a construir relações com pessoas-chave e despertar interesse pelo projeto já nas fases de análise e criação, para ter a certeza de que poderei fazer pleno uso de seu conhecimento na fase de desenvolvimento e de sua energia na fase de implementação, sem perder tempo ou enfrentar demasiada resistência.

Internamente, a 'caixa de ferramentas' da PARK me ajuda a enfrentar esses desafios em cada fase. Nossa caixa de ferramentas descreve nossas práticas diárias, podendo essas ferramentas ser grandes, descrevendo o desenvolvimento de um estilo de design de produto, ou pequenas, descrevendo formas de visualizar resultados de oficinas ou organizar oficinas de treinamento inspiradoras. A caixa de ferramentas me estimula a compartilhar conhecimento com meus colegas e me mantém inspirada enquanto gerencio os projetos dos clientes.

Sorena Veerman
Consultora, PARK advanced design management, Países Baixos

Além de atuar como consultora, dirijo o PARK European Student Network (ESN), composto por cerca de 15 a 20 estudantes de programas de mestrado em gestão do design de oito países europeus. Os alunos do ESN apoiam a PARK na condução de projetos de gestão e pesquisa em design. Realizo tarefas e oficinas dentro das empresas, a fim de apresentar os alunos aos desafios práticos de gestão do design; as empresas, por sua vez, obtêm ideias novas e originais de jovens profissionais da gestão do design.

Trabalhar com estudantes entusiasmados e repletos de novas ideias é muito revigorante e inspirador. Meu trabalho de *coaching* os ajuda a assegurar uma melhor adequação de suas ideias à realidade das empresas.

Todas essas iniciativas e projetos, nossos vários clientes internacionais e o conhecimento que partilhamos internamente fazem da PARK um lugar bastante dinâmico para explorar e aproveitar a gestão do design ao máximo."

Wen-Long Chen
Nova Design

A Nova Design é uma das maiores consultorias de design independentes da região da Grande China. Tendo iniciado suas atividades como estúdio de design em Taipei, Taiwan, a empresa expandiu-se mundialmente, passando a contar com um quadro de 230 profissionais espalhados por seis sucursais localizadas em Sondrio (Itália), San Jose (EUA), Xangai, Xiamen, Taipei e Ho Chi Minh (Vietnã).

O processo de design: prototipagem para a inovação

"Para administrar a operação global da empresa, em vez de ter cada unidade de estratégia de negócios (UEN) operando independentemente, como CEO e presidente da Nova Design, adotei um enfoque diferente. Influenciado profundamente pela teoria budista da relatividade, que afirma que tudo é condicional, relativo e interdependente, vejo a gestão da disciplina e da liberdade como uma forma de explorar dois lados da inovação. Para que os designers possam prosperar em duas culturas aparentemente distintas e no entanto coexistentes, a Nova Design os estimula a centrar-se em três capacidades essenciais: habilidades profissionais, integração de recursos e valorização do conhecimento.

Para mim, grandes projetos de design são resultado da gestão da inovação. Na Nova Design, os designers podem progredir por meio de conhecimentos especializados, como habilidades em design assistido por computador, análise de pesquisa ou habilidades de esboços. Habilidades excepcionais contribuem mais para um projeto de design quando os designers são capazes de integrar o conhecimento especializado de diferentes recursos.

Por fim, na Nova, quando o designer é capaz de agregar ou incorporar paradigmas e conhecimentos interdisciplinares a fim de melhorar um design, ele ascende ao nível gerencial, podendo então ajudar a modelar a estratégia de um projeto de design.

Ao longo de seus 20 anos de atuação, a Nova Design transformou todo o processo de desenvolvimento de novos produtos com um abrangente sistema digital de gestão do conhecimento. Tal sistema ajuda a tornar explícito o conhecimento que era tácito, reduzindo consideravelmente a curva de aprendizado de cada designer. Além disso, oferece duas maneiras de agregar valor de inovação ao processo de desenvolvimento de produtos dos clientes: oferecendo um banco de dados cumulativo e prestando serviços completos e integrados. Esse sistema tem se aprimorado e atualizado *pari passu* com o desenvolvimento da Web 2.0. Na China, existem mais de um milhão de estudantes registrados em faculdades de design e mais de 200 mil graduados a cada ano.

Durante minhas frequentes visitas a faculdades de design na China, pude perceber que essa vasta força crescente de profissionais mudará a forma como o design é executado no mercado global.

Diferentemente da forma convencional pela qual os usuários representam a demanda e os designers se alinham aos fornecedores do mercado, no futuro próximo os consumidores poderão também participar da criação dos produtos. Será um processo mais aberto e democrático, em que o valor do design estará em proporcionar e executar soluções integradas.

À medida que os designers evoluírem da condição de ocupantes de uma função especializada à de fornecedores de soluções, o conceito de design também irá mudar. É inevitável, portanto, que uma transformação revolucionária venha a ter lugar no ensino do design na China. De fato, uma cultura de design mais dinâmica já vem sendo observada em todo o país.

Tome-se o exemplo do último Shanghai Auto Show, em 2009. Não apenas o evento é a terceira maior feira automotiva do mundo, como também fez da China o mercado automotivo número um do mundo. As principais montadoras chinesas aproveitaram essa oportunidade para exibir carros conceituais desenvolvidos por suas equipes internas de design. Entre eles, o automóvel conceitual da Geely, o Intelligent Geely, atraiu a atenção da mídia internacional. Houve quem até comentasse que esse IG possa fazer concorrência ao carro Smart.

Wen-Long Chen
CEO e presidente, Nova Design, China

O foco do design do IG está direcionado a pessoas que apreciam o estilo de vida urbano de Xangai. Um design thinking sustentável desempenha notável papel no projeto do automóvel; um de seus exclusivos atributos é o layout de três assentos, com o banco do motorista e o volante localizados na parte central dianteira do veículo e os outros dois, mais um assento infantil, na parte traseira. Esse design 'três mais um' acomoda-se igualmente aos mercados de veículos com volante à esquerda e à direita, além de ampliar significativamente o espaço interior aproveitável do veículo.

Esse foi o primeiro projeto realizado pela Geely, uma fabricante de automóveis chinesa, em parceria com a Nova Design. A Nova iniciou um projeto interno em que designers de Taipei, Xangai e Sondrio (Itália) trabalhavam lado a lado utilizando sessões de *brainstorming* baseadas na Web para produzir conceitos, explorá-los e obter *feedback* sobre eles. Esse processo foi seguido de modelagem em argila, engenharia reversa, modelos mestres e ME design. Métodos assistidos por computador (CAID/CAD/CAM) foram aplicados para realizar modificações no design em tempo real entre Sondrio, Taipei e Xangai."

Dr Miles Park
University of New South Wales, Sydney, Austrália

Para que o design de produto seja mais útil, aproveitável e bem-sucedido na satisfação das crescentes e cambiantes necessidades das pessoas, ele precisa compreender o comportamento do usuário. Fundamentado em exemplos de conteúdo gerado por usuários, software de código aberto e participação de usuários em ambientes on-line, o design adaptativo é uma abordagem que torna as soluções de design contextualmente relevantes, situacionalmente específicas e inerentemente reconfiguráveis pelo usuário.

Planejamento de design: design adaptativo

"As tradicionais atividades de design de produto e design industrial ampliaram-se e diversificaram-se em relação à sua função original de conceber formas de produto e descrições detalhadas para fabricação. Essa mudança de foco inclui não apenas o design de produtos físicos, mas também o design de serviços, experiências e mesmo práticas comerciais. Empresas como a IDEO adquiriram notoriedade por incorporar técnicas de observação e participação de usuários no processo de design, adotadas de áreas como antropologia, para melhor compreender as necessidades, comportamentos, percepções e aspirações dos usuários.

Compreendendo melhor o comportamento dos usuários, o design pode tornar-se mais útil, aproveitável e bem-sucedido na satisfação das necessidades das pessoas, além de conduzir a novas inovações. No que diz respeito ao design industrial, isso oferece novas oportunidades de trabalho junto a clientes de setores da economia que tradicionalmente não utilizam o design em um cenário tão estratégico, que inclui organizações sem fins lucrativos, empresas sociais e áreas do setor de serviços. Uma vez mais, a IDEO oferece estudos de caso bastante instrutivos, como o projeto 'Keep the Change' (mantenha a mudança), desenvolvido para o Bank of America, ou o projeto 'the blood donor experience' (a experiência do doador de sangue), elaborado para a American Red Cross.

A aplicação de novas técnicas de design para compreender o comportamento dos usuários enseja outras oportunidades para inovação do design. Uma dessas oportunidades é o crescente interesse na utilização do design para 'guiar' tal comportamento. Com efeito, o design pode ser aplicado, por exemplo, para promover comportamentos sustentáveis mediante dispositivos com pouco consumo energético que estimulam mudanças comportamentais. Medidores de consumo de energia como o WATTSON, projetado por estudantes de graduação da RCA, permitem aos usuários 'ver' a eletricidade que estão utilizando em seus lares. Isso os estimula a desligar luzes e aparelhos funcionando desnecessariamente.

Avançando no conceito de orientação do comportamento dos usuários, novas tendências e práticas estão se consolidando na World Wide Web (WWW). Cunhados como um termo – Web 2.0 – para descrever uma combinação de elementos, incluindo conteúdo gerado pelo usuário, software de código aberto e participação do usuário, sites populares como Flickr, YouTube, Facebook, Wikipédia e eBay baseiam-se todos em uma arquitetura de design em perpétua evolução onde o usuário produz o conteúdo. Para o design industrial, isso representa novas oportunidades de inovação de produto, na medida em que permite que os produtos sejam adaptados pelo usuário – de modo a preencher suas circunstâncias específicas e necessidades cambiantes. A vantagem dessa nova tendência é que as empresas podem estabelecer uma relação mais próxima com seus clientes, criando produtos mais adequados aos usuários e ajudando a prolongar seus ciclos de vida, sobretudo em setores dinâmicos como o dos eletrônicos de consumo.

Um produto adaptativo exige que o designer crie um produto intencionalmente 'inacabado' ou 'aberto', a ser concluído pelo usuário. Este converte-se, então, no coautor do design do produto, em um processo contínuo que é contextualmente relativo, situacionalmente específico e inerentemente reconfigurável. Para tanto, é necessário que técnicas de observação do usuário e de testes sejam integradas ao processo de design em um tráfego bilateral entre o designer e o usuário.

Dr Miles Park
Professor titular de design industrial, University of New South Wales, Sydney, Austrália

Informalmente, tais atividades já estão ocorrendo em muitos sites e revistas que oferecem a entusiastas do design dicas sobre como reinstalar, reconfigurar e reescrever produtos de modo a 'invalidar as garantias' e assumir o controle sobre eles. Nas palavras da <Makezine.com>, 'Se você não pode abri-lo, ele não é seu'. Em um cenário de negócios formalizado e estratégico, estamos começando a ver a aplicação desses princípios ao design de interface em computadores e aparelhos de comunicação portáteis em que os usuários podem criar, customizar e mudar o modo como interagem com tais dispositivos."

3

Visão geral da gestão

Economia

A economia é uma ciência social ocupada em determinar como os limitados recursos do planeta podem ser melhor geridos a fim de suprir as necessidades ilimitadas da humanidade. Estuda os ciclos econômicos e as relações comerciais das nações e do mundo (as chamadas economias locais e global), tendo fundamental importância no processo de decisão das empresas em relação a seus negócios e finanças.

Adam Smith, habitualmente citado como o pai da economia moderna, descrevia os interesses egoístas e o bem comum como forças propulsoras da economia: "O homem, ao perseguir seus próprios interesses econômicos, é guiado por uma espécie de mão invisível (da concorrência) a promover os interesses da sociedade". *A riqueza das nações* (1776) identificava "a divisão do trabalho" (com estratos da população executando tarefas de discreta qualificação) como o caminho para aumentar "a riqueza das nações".

O sistema econômico

O "sistema econômico" descreve "a rede de transações que une a economia" (Heilbroner e Thurow, 1998). As forças econômicas em ação são as da oferta e da demanda: como alocamos, produzimos, distribuímos e consumimos os bens e serviços que as pessoas desejam, e como criamos os incentivos econômicos, sociais e morais aos quais elas responderão (Levitt, 2005).

Os incentivos econômicos exercem notável influência sobre o comportamento e as preferências da sociedade, sobretudo em "economias de mercado" como o sistema capitalista, em que há pouca intervenção estatal ou planejamento central e onde todas as decisões econômicas e de preços baseiam-se nas escolhas agregadas das pessoas e das empresas de um país. Os fornecedores fabricam ou produzem bens e serviços, criando a oferta, enquanto os consumidores valorizam suficientemente esses bens e serviços para pagar por eles, gerando a demanda.

A economia opera em dois níveis – o microeconômico e o macroeconômico:

A *microeconomia* relaciona-se à oferta e à demanda de pessoas, empresas e indústrias. Investiga o modo como interagem indivíduos, entidades e mercados sob as mais variadas condições e regulamentações.

Tabela 4. Uma análise STEEP (Social, Technological, Environmental, Economic and Political) ajuda a identificar como circunstâncias cambiantes e tendências futuras na sociedade, na tecnologia, na economia, no meio ambiente e na política afetarão a demanda pelas ofertas correntes de uma organização. Assim, medidas apropriadas poderão ser tomadas para satisfazer a demanda prevista e desenvolver novas ideias comerciais. *(Fonte: Adaptada de ARUP "Drivers of Change", ARUP Foresight and Innovation.)*

Tabela 4: Análise STEEP: Prevendo mudanças sociais e tendências futuras

Sociais	Tecnológicas	Ambientais	Econômicas	Políticas
Envelhecimento populacional	Identificação biométrica	Produtos de qualidade descartáveis	Dívida de consumo	Investimento ético
Educação para todos	Comunidades conectadas	Pegada ecológica	Democratização do luxo	Governança global
Família futura	Infraestrutura energética	Espécies em risco	Moeda eletrônica	Pensões
Bem-estar holístico	Identificação por radiofrequência (RFID)	Consumo de energia e água	Comércio global	Vigilância da sociedade
Distribuição populacional	Computação "vestível"	Urbanização	Terceirização	Blocos comerciais

O mercado e a oferta de bens e serviços variam ao longo do tempo, no que são acompanhados por fatores como preço e qualidade, dependendo da demanda. Itens em escassez geralmente são vendidos a preços mais elevados, e a maior competição impulsiona a qualidade.

A *macroeconomia* é a área da economia que estuda o comportamento das economias agregadas, isto é, da atividade econômica em âmbito nacional e também global. Acompanha variáveis como desemprego, inflação e níveis de poupança, dispêndio e investimento, monitorando também os fluxos de capital que entram e saem dos países – o Produto Nacional Bruto (PNB), uma medida do valor de todos os bens e serviços produzidos por um país.

A produção de bens e serviços

A produção de bens e serviços depende da existência de um fluxo regular de riquezas ou renda disponível (com o qual comprar e vender), assim como de recursos (com os quais produzir coisas). Tais recursos – chamados de "fatores de produção" – consistem tipicamente em terra (recursos naturais), mão de obra (pessoas, qualificadas e não qualificadas) e capital (ferramentas, máquinas e instalações utilizadas na fabricação e produção). Empreendedores e empresas reúnem esses fatores de produção para gerar um resultado – os produtos e serviços que as pessoas desejam e precisam. É essa demanda que gera o mercado específico de um produto. A força da demanda pelos produtos é de tal ordem que as pessoas se dispõem a pagar o preço de mercado.

Fatores de produção

Inicialmente, as empresas decidem como serão organizados os fatores de produção a fim de gerar os resultados desejados. Em seguida, analisam os custos de produção e o retorno sobre o investimento (ROI) necessário. Por fim, definem seu próprio preço baseadas nas condições do mercado e nas decisões de preço da concorrência.

A produção pode ser apoiada por "economias de escala", isto é, as vantagens de custo que uma empresa obtém produzindo maiores quantidades de um bem para baratear a produção de cada unidade (Ivanovic e Collin, 2005).

Mediante o processo de gestão e a identificação de restrições, *trade-offs* e riscos, escolhas são feitas para agregar valor ao produto. Contanto que os consumidores desejem esse "valor agregado" e estejam dispostos a pagar o preço de mercado, e contanto que o preço de mercado seja superior à soma dos custos associados à confecção do produto, haverá lucro.

O processo consiste em um constante *trade-off* entre riscos. "As empresas precisam decidir o que produzir, como e onde produzir, quanto produzir e a que preço vender o que produzirem – tudo em função dos mesmos tipos de incertezas com os quais os consumidores têm de lidar" (Wheeler, 2002).

Crescimento e economia

Governos, países e regiões que logram estimular exitosamente uma cultura de criação de novas empresas e apoio a empresas em crescimento podem também, como consequência, estimular o crescimento das taxas de emprego, a geração de novos postos de trabalho e o aumento dos níveis de renda e despesa.

Em última análise, o efeito líquido dessa postura será o crescimento de toda a economia. Com efeito, a economia é uma área em constante evolução, e novos modelos econômicos, como a economia de redes, a economia do conhecimento e a economia criativa, estão impulsionando novos modelos organizacionais e de negócios.

Em muitos casos, esses novos modelos são capazes de alavancar as oportunidades apresentadas pelos avanços tecnológicos e os efeitos da crescente globalização.

Diagrama 4: A progressão do valor econômico

Diferenciada — Proporcionar experiências — Relevante para

Prestar serviços

Posição competitiva — Produzir bens — **Necessidades dos clientes**

Obter mercadorias

Indiferenciada — Irrelevante para

Preço de mercado — Preço superior

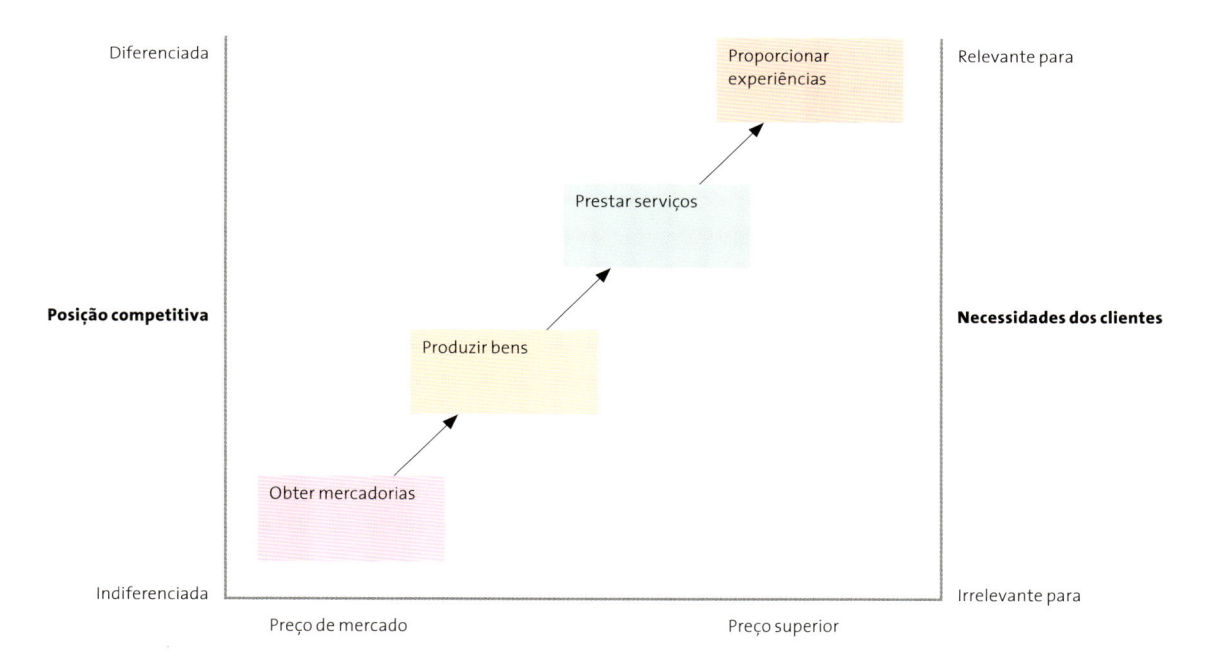

Diagrama 4. Este diagrama ilustra a progressão do valor econômico. Com base na evolução da "economia da experiência", o valor das sucessivas ofertas aumenta conforme o comprador as considera mais relevantes para suas necessidades. Graças à diferenciação das ofertas (p. ex., customização), as empresas podem cobrar um preço superior baseado no valor exclusivo que proporcionam, e não no preço de mercado da concorrência. (*Fonte:* Pine e Gilmore, 1999)

Negócios e empreendimentos

Um empreendimento é um sistema destinado à execução das atividades de um negócio. Organizações instituídas com a finalidade de conduzir atividades comerciais e empresariais existem dentro de um contexto externo (que gera sua ideia de negócio, seus desafios e seu propósito) e de um contexto interno (o modo como irá aproveitar as oportunidades disponíveis e atingir seu propósito).

O negócio da empresa

Segundo Peter Drucker, o propósito de uma empresa é criar um cliente, isto é, identificar uma demanda de consumo e então oferecer um produto ou serviço que satisfaça essa demanda. O ponto de partida para a gestão não reside na oferta do produto ou serviço, tampouco na necessidade do mercado, mas naquilo que os clientes consideram de valor e nos fatores que estimulam seu comportamento e suas escolhas (Drucker, 2005).

O *"core business"*, a atividade central de uma empresa, é aquilo para cuja execução ela foi criada: aquilo que ela faz bem, que compreende seus principais conhecimentos e habilidades, que a diferencia da concorrência e que determina seu sucesso ou fracasso. Ao considerar como as empresas podem evoluir e crescer, é recomendável avaliar essa atividade central em termos de clientes, principais fontes de diferenciação, fontes de lucro, capacidades e cultura organizacional (Zook, 2007).

A ideia do negócio e quaisquer produtos e serviços a ela associados devem ser algo que os clientes valorizem e pelo qual estejam dispostos a pagar. O dinheiro investido deve ser justificado pelos benefícios obtidos (análise de custo-benefício).

Ainda que todas as empresas sejam criadas para obter lucros – para sustentar-se ou expandir-se, bem como para satisfazer as demandas dos acionistas em termos de retorno sobre o investimento –, cada uma delas tem uma missão, uma visão e valores que ditam sua forma de atuar; isso lhes confere um sentido e um propósito que transcendem a esfera dos ganhos financeiros, permitindo-lhes, por exemplo, beneficiar o contexto mais amplo da sociedade.

De modo geral, os especialistas da indústria possuem mais *expertise* em setores-chave, de modo que o valor agregado proporcionado por designers e gestor de design tende a estar na maneira como proporcionam um pensamento novo, ideias originais e perspectivas contextuais que estão fora das fronteiras do domínio da indústria.

Diagrama 5. Em *Competitive Strategy* (1980), Michael Porter descreve as estratégias genéricas que as empresas podem adotar para construir vantagem competitiva, conforme ilustrado na tabela: (1) Liderança de custos – o líder de baixo custo; (2) Diferenciação – diferenciar-se da concorrência por meio de um atributo exclusivo ou proposição única de venda (USP); (3) Foco no custo – centrar-se em um mercado estreito ou específico; e (4) Foco na diferenciação – diferenciar-se de uma forma que não seja facilmente imitada pelos rivais.

Diagrama 5: Construindo vantagem competitiva

Tipo de vantagem competitiva

Mercado-alvo amplo	1. Liderança de custos	2. Diferenciação
Mercado-alvo estreito (específico)	3A. Foco no custo	3B. Foco na diferenciação

Escopo competitivo

Diagrama 6: Modelo da Cadeia de Valor de Porter

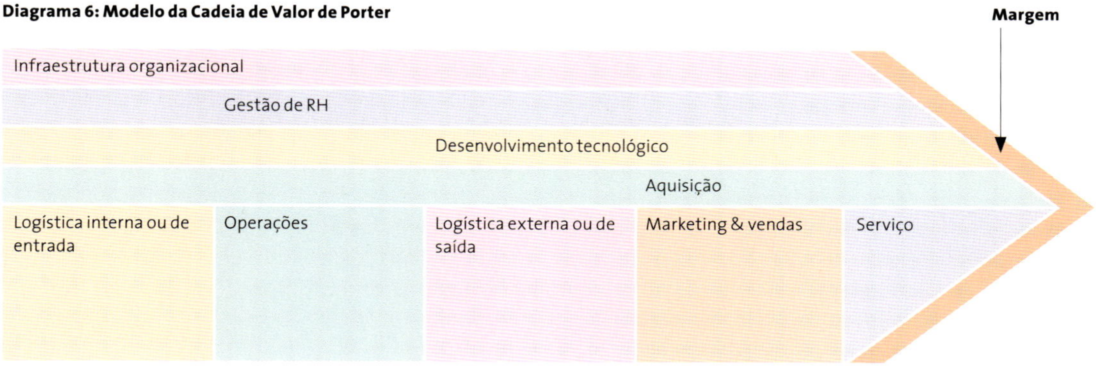

Infraestrutura organizacional					
	Gestão de RH				
		Desenvolvimento tecnológico			
			Aquisição		
Logística interna ou de entrada	Operações	Logística externa ou de saída	Marketing & vendas	Serviço	Margem

Diagrama 6. O Modelo da Cadeia de Valor de Michael Porter é um método sistemático para examinar como se constrói a vantagem competitiva e identificar onde é agregado o valor em uma organização. A cadeia de valor baseia-se na visão de processo das organizações, em que uma empresa de produção ou serviço é vista como um sistema composto por muitos subsistemas, cada qual com insumos e processos de transformação e produtos envolvendo a aquisição e o consumo de recursos. A eficiência com que são executadas as atividades da cadeia de valor determina os custos e afeta os lucros.

Diagrama 7. O Modelo das Cinco Forças de Porter é uma estrutura de estratégia competitiva que mostra os fatores externos que influenciam a lucratividade de uma indústria. Tem por propósito ilustrar como é possível obter vantagem competitiva incorporando as condições da indústria à estratégia e à cadeia de valor das operações da empresa.

O contexto da indústria

Todas as empresas existem dentro de um contexto setorial em que outras organizações competem direta e indiretamente pelo tempo, pela atenção e pela renda disponível das pessoas. Nesse "ambiente competitivo", as empresas buscam continuamente obter vantagem competitiva, em geral por meio de diferenciação (definir uma posição única) ou de decisões de preço e custo. Conforme Porter (1988), "A estratégia competitiva é a busca de uma posição competitiva favorável em uma indústria, a arena onde ocorre a concorrência. A estratégia competitiva visa a estabelecer uma posição lucrativa e sustentável contra as forças que determinam a concorrência na indústria".

Empresas que desenvolvem novas ideias buscam uma oportunidade para preencher uma demanda de mercado ou necessidade de consumo não satisfeita: lacunas nos mercados existentes ou mercados inteiramente novos. Elas exploram as oportunidades proporcionadas pela mudança das circunstâncias – na sociedade, na tecnologia, na economia, no meio ambiente ou na política – e posicionam uma oferta para satisfazer uma demanda atual ou antecipada. A análise competitiva pode ajudar a identificar oportunidades no mercado. Segundo John Kay (1995), o desempenho competitivo é determinado pela compatibilidade entre as características da empresa e os desafios que ela enfrenta. Uma análise SWOT (que determina as forças, fraquezas, oportunidades e ameaças que afrontam um mercado ou empresa) pode ajudar a gerar ideias para novas direções estratégicas e oportunidades de mercado.

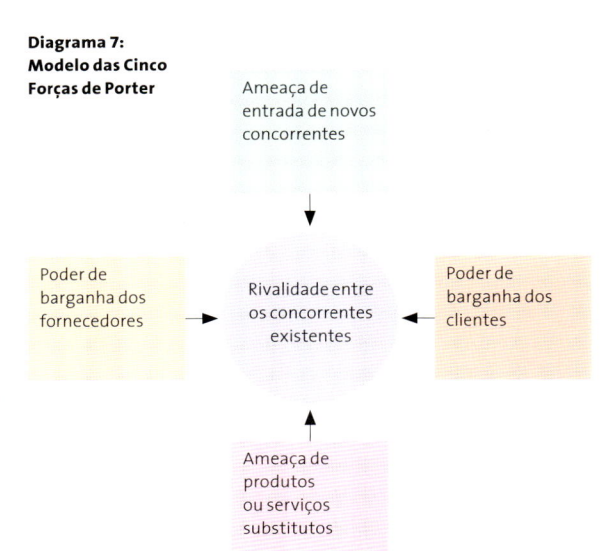

**Diagrama 7:
Modelo das Cinco Forças de Porter**

- Ameaça de entrada de novos concorrentes
- Poder de barganha dos fornecedores
- Rivalidade entre os concorrentes existentes
- Poder de barganha dos clientes
- Ameaça de produtos ou serviços substitutos

O modelo de negócios

O modelo de negócios de uma organização explica como a ideia do negócio, os desafios e o propósito da organização relacionam-se com as oportunidades disponíveis no contexto externo, bem como que ações serão tomadas em benefício da empresa (p. ex., obter lucros). O modelo de negócios orienta a estratégia organizacional, isto é, o modo como a organização atingirá os objetivos e propósitos visados utilizando suas forças e recursos internos (isto é, suas principais competências, habilidades e capacidades). A estratégia é então convertida em um plano de ação que descreve detalhadamente os objetivos comerciais, os resultados finais e os principais fatores de sucesso.

"Todo design começa por alavancar o instinto humano de estabelecer relações, em seguida por traduzir essas relações em um produto ou serviço tangível e então, idealmente, por acrescentar um pouco de surpresa ao final para fazer valer a pena o esforço do público."
John Maeda

O contexto organizacional

As organizações mantêm-se unidas e coesas internamente graças a um conjunto compartilhado de crenças, valores e maneiras de fazer negócios definido em suas declarações de visão e missão. A visão consiste na meta geral para cuja consecução devem contribuir todas as atividades da organização (Ivanovic e Collin, 2005). Ter uma visão implica a probabilidade de pessoas se sentirem atraídas pela organização, sua cultura e suas ofertas de produtos e serviços, além de despertar nos interessados expectativas quanto ao tipo de comportamento e atividades que irão encontrar. De acordo com Wally Olins: "a visão é a força que conduz a organização. É aquilo que a organização representa, e aquilo em que acredita" (Olins, 2008).

Há muitos tipos novos de empresas sociais que, por exemplo, utilizam ferramentas "comerciais" para atingir metas mais amplas que beneficiem a sociedade e o meio ambiente, ou que adotam uma visão de longo prazo no tocante às consequências ecológicas de suas ações. Atualmente, muitas empresas novas estão se perguntando "que tipo de empresa queremos ser?".

O processo de gestão

Todos os processos decisórios de uma organização são orientados por sua estratégia. O propósito da estratégia é criar uma vantagem competitiva sustentável, seja por meio de planejamentos, decisões e entregas de curto prazo, seja por uma visão de longo prazo quanto à direção certa que a empresa deve tomar.

Estratégia

A estratégia descreve a linha de ação e os recursos necessários para concretizar a visão da organização. Trata-se de "uma declaração de intenções, definindo onde se deseja estar no futuro" (Bruce e Langdon, 2000). A estratégia descreve como a organização planeja cumprir sua missão e visão, traduzindo-se em diversos objetivos comerciais, planos estratégicos e resultados finais ao longo das diferentes partes da organização.

A direção estratégica da organização – como avançar da posição atual para uma posição futura desejada – é estabelecida a partir de três perguntas fundamentais: (1) Onde estamos agora? (2) Aonde queremos ir? (3) Como chegaremos lá? A essência da estratégia, segundo Michael Porter (1996), está em escolher o que não fazer. Para o autor, "sem *trade-offs*, não haveria necessidade de escolha e, portanto, de estratégia".

A estratégia opera em três níveis em uma organização: corporativo, de negócios e operacional. A *estratégia corporativa* define o escopo e a direção geral da organização, estando alinhada à sua visão e missão. A *estratégia de negócios* estabelece as metas e objetivos de cada uma das unidades de negócios (p. ex., uma linha ou divisão de produtos ou serviços) ou unidades funcionais (p. ex., marketing, finanças e design). Por último, a *estratégia operacional* determina as ações, a execução e as operações diárias, bem como a entrega dos produtos/serviços.

Todos esses níveis estratégicos orientam os gerentes sobre como agregar valor aos numerosos imperativos organizacionais. A estratégia determina como diferentes níveis da organização desenvolvem seus próprios objetivos e estratégias correspondentes, e como escolhem agir para implementar o propósito e as metas gerais da organização.

O **Diagrama 8** demonstra que a gestão estratégica envolve compreender a posição estratégica de uma organização, suas escolhas estratégicas para o futuro e transformar estratégia em ação.

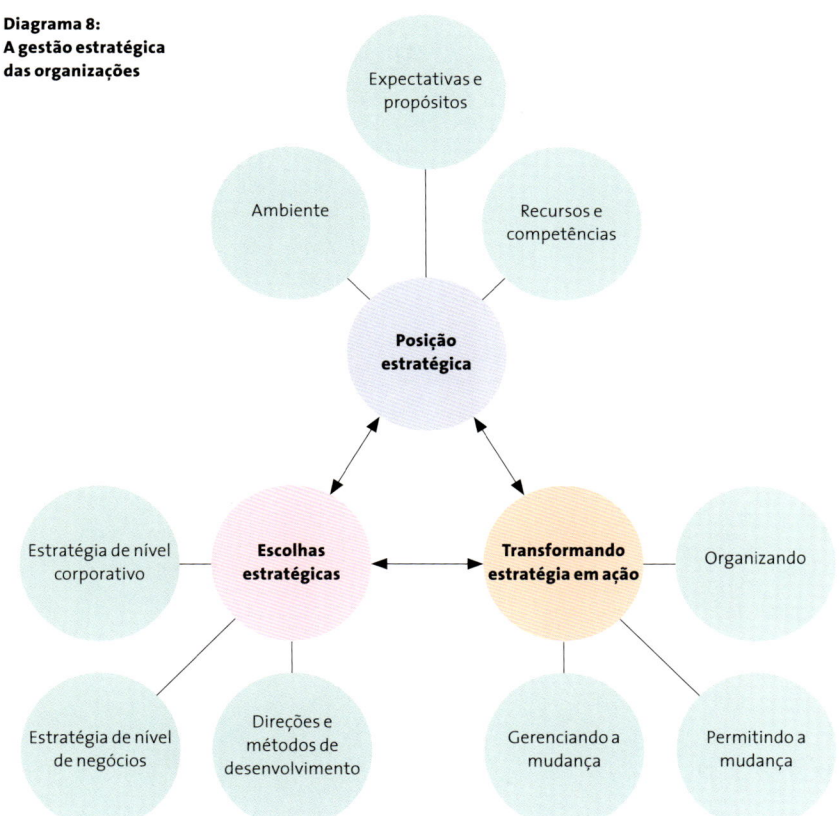

Posição estratégica: o impacto da estratégia sobre o ambiente externo, os recursos e competências internos e as expectativas dos interessados.

Escolhas estratégicas: compreender as bases subjacentes da estratégia para o futuro tanto no nível corporativo quanto no nível de negócios, bem como as opções para o desenvolvimento da estratégia tanto em termos das direções que ela poderia seguir quanto dos métodos para tal desenvolvimento.

Transformando estratégia em ação: organizar para o sucesso, construir conexões entre as estruturas e os processos organizacionais e enfatizar a importância de estabelecer e manter relações e fronteiras internas e externas. (*Fonte*: Johnson e Scholes, 2006)

Diagrama 8:
A gestão estratégica das organizações

Competências e capacidades essenciais

Todas as empresas possuem ativos (equipamento, finanças) e recursos (processos, pessoas), bem como certas coisas nas quais são competentes, coisas que são capazes de fazer bem. São essas "competências" e "capacidades" que ligam as atividades de "criação de valor" da empresa a um mercado de compradores, consumidores e usuários, com vistas ao lucro.

Para Prahalad e Hamel (1990), uma competência essencial é algo que uma organização faz bem, que beneficia o cliente, é difícil de ser copiado pela concorrência e pode ser amplamente alavancado para muitos produtos e mercados. Os autores definem capacidade central como aquilo em que somos bons, nossa "base de conhecimentos", aquilo para cuja realização temos experiência, *know-how*, *expertise* e habilidades (Prahalad e Hamel, 1990). As competências essenciais podem levar à criação de produtos finais, mas também constituir processos ou etapas de uma cadeia de suprimentos, como parte de uma série de negócios de um sistema empresarial mais amplo.

As empresas almejam o crescimento por meio das competências essenciais de que dispõem. Segundo John Kay (1995), "o sucesso corporativo baseia-se em uma efetiva compatibilidade entre as relações externas da empresa e suas próprias e diferenciadas capacidades". O processo de estratégia corporativa impõe identificar essas capacidades diferenciadas, selecionando os melhores mercados, aqueles mais adequados a essas forças, e construir estratégias eficientes que as explorem.

As empresas também podem buscar novos caminhos para o crescimento utilizando, por exemplo, "estratégias de *value for money*" (aumentar o valor sem aumentar os custos). Além disso, se as condições externas do mercado mudarem, as empresas talvez precisem, em resposta, mudar suas competências essenciais. De acordo com Likierman (2007), "uma empresa bem-sucedida e duradoura precisa ver-se como um 'empreendimento', não como um 'ativo fixo'. Precisa adaptar-se para sobreviver".

Para sobreviver, a empresa talvez precise conduzir uma auditoria interna a fim de identificar ativos e competências ocultos, levando à reorganização, reinvenção e posicionamento da organização. Zook (2007) afirma que, normalmente, ativos ocultos podem ser descobertos em plataformas de negócios subestimadas, *insights* inexplorados sobre os consumidores e capacidades subaproveitadas.

1. Originária de Londres, a mOma acredita que "não existe um bom dia sem uma boa manhã". O propósito da empresa é oferecer desjejuns prontos e embalados. A empresa comercializa seus produtos em estandes e pontos de venda situados em locais de grande movimentação pendular, como estações de trem. Seus estandes atraem viajantes que "não precisam mais pular o café da manhã".

2. A mOma pesquisa e testa novas linhas de produto em resposta às mudanças nas condições do mercado e nas demandas dos consumidores. Produtos como seu suco de frutas proporcionam satisfação para além do tradicional "café com *croissant*" que compõe o desjejum dos viajantes.

3, 4, 5. Saudáveis, naturais e deliciosos, seus produtos saciam plenamente o apetite dos consumidores, proporcionando "energia para pessoas em viagem".

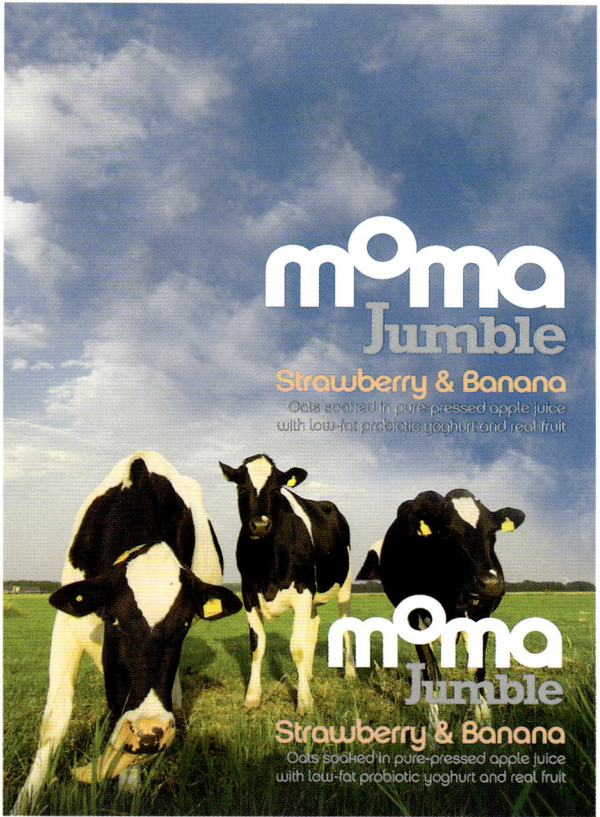

Planejamento de negócios e corporativo

Segundo Peter Drucker (2005), "a função da gestão é produzir resultados". Produzir resultados implica implementar o propósito, a visão e a estratégia da organização em todos os seus níveis – corporativo, de negócios e operacional –, bem como planejar, coordenar, adaptar e revisar as atividades de modo pertinente a cada nível.

Planejamento de negócios

Gerir diariamente uma empresa é tão necessário quanto definir a direção para o seu crescimento – de modo a garantir sua sustentabilidade no longo prazo.

O planejamento de negócios é uma estrutura destinada à realização do potencial de qualquer ideia de negócio, seja ela um projeto ou todo um empreendimento. É "a arte de escolher onde queremos que nossa empresa esteja e qual o melhor caminho para ela chegar lá" (Cohen, 1997), estabelecendo a estrutura que possibilitará, mediante um conjunto de atividades organizadas, concretizar a oportunidade de negócios. O planejamento de negócios leva em conta todas as práticas comerciais internas, bem como a "análise de processos, os sistemas de informação, os recursos e as habilidades da equipe, de modo a permitir às organizações planejar dentro de suas capacidades" (Bruce e Langdon, 2000). As atividades são planejadas nos níveis corporativo, de negócios e operacional, cada qual com suas próprias estratégias, metas e medidas de desempenho definidas de modo independente.

O nível corporativo é responsável por determinar a direção estratégica da organização e o modo pelo qual criar valor a partir de suas competências essenciais. O nível de negócios opera independentemente dentro, e colaborativamente através, das áreas funcionais (ou unidades de negócios), a fim de apoiar as estratégias de nível corporativo e construir uma vantagem competitiva sustentável. As unidades de negócios são estabelecidas para executar uma função ou atividade específica da empresa – por exemplo, marketing, recursos humanos, vendas, design, TI. O nível operacional envolve o produto, projeto, equipes de clientes ou regiões geográficas, tendo como propósito apoiar igualmente as estratégias corporativa e de negócios. Cada nível possui objetivos, metas e medidas de sucesso correspondentes.

As grandes organizações tradicionalmente existiam como ambientes organizacionais marcados pela rigidez, com estruturas hierárquicas e unidades de negócios claramente definidas e funcionalmente separadas (p. ex., Marketing, Finanças, Operações, Engenharia, Recursos Humanos), e divisões de operações, projetos ou programas. Essas unidades tinham todas propósitos, recursos, responsabilidades, metas e medidas de desempenho definidos. Nas pequenas empresas, em contrapartida, é comum que os projetos sejam realizados por redes de colaboradores, sejam estes indivíduos, equipes ou entidades. Equipes de projeto ou processo definidas irão compartilhar um portfólio de responsabilidades e resultados (*deliverables*) em grupos "interfuncionais".

Diagrama 9. A estratégia opera em três níveis dentro da organização, conforme representado no diagrama: no nível corporativo (responsável pela estratégia corporativa); no nível de negócios (responsável por executar as estratégias de negócios); e no nível operacional (responsável por realizar a estratégia operacional).

Diagrama 9:
Os três níveis da estratégia

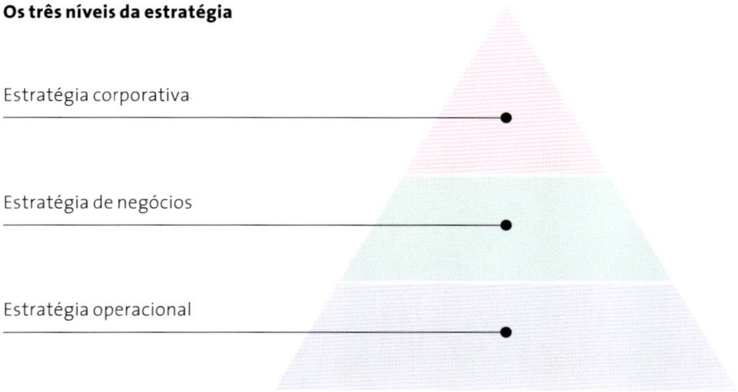

Estratégia corporativa

Estratégia de negócios

Estratégia operacional

O plano de negócios

O plano de negócios propriamente dito é um documento e roteiro formal para iniciar uma ideia de negócios ou empreendimento. Descreve a direção desejada que a empresa deverá tomar, compondo parte importante de qualquer "propaganda" para garantir os recursos, alianças, parcerias e *stakeholders* necessários para alcançar o sucesso. O propósito de um plano de negócios é definir os objetivos que a empresa deverá atingir. Serve para dar foco a uma equipe, assegurar investimentos e recursos financeiros, bem como, se apropriado, um conselho de diretores e acionistas. O plano é desenvolvido com base nas seguintes ações: identificar uma lacuna no mercado mediante pesquisas de mercado; identificar o que é necessário para montar e operar o empreendimento (planejamento de recursos); identificar que processos e parcerias precisam ser estabelecidos, interna e externamente, para levá-lo a efeito; e descrever sua implementação e execução.

O público do plano de negócios deve ser cuidadosamente considerado, visto que compreendê-lo é crucial para vender a ideia e garantir apoio. O caso comercial pode ser direcionado a um público interno – para o lançamento de um novo portfólio ou oferta de produtos/serviços. Alternativamente, pode ser voltado para um público externo, no caso de um negócio ou empreendimento inteiramente novo. Guy Kawasaki (2004) acredita que "um bom plano de negócios é uma versão detalhada de uma abordagem de vendas – e não a abordagem de vendas uma versão detalhada de um plano de negócios".

NORTH AFRICA

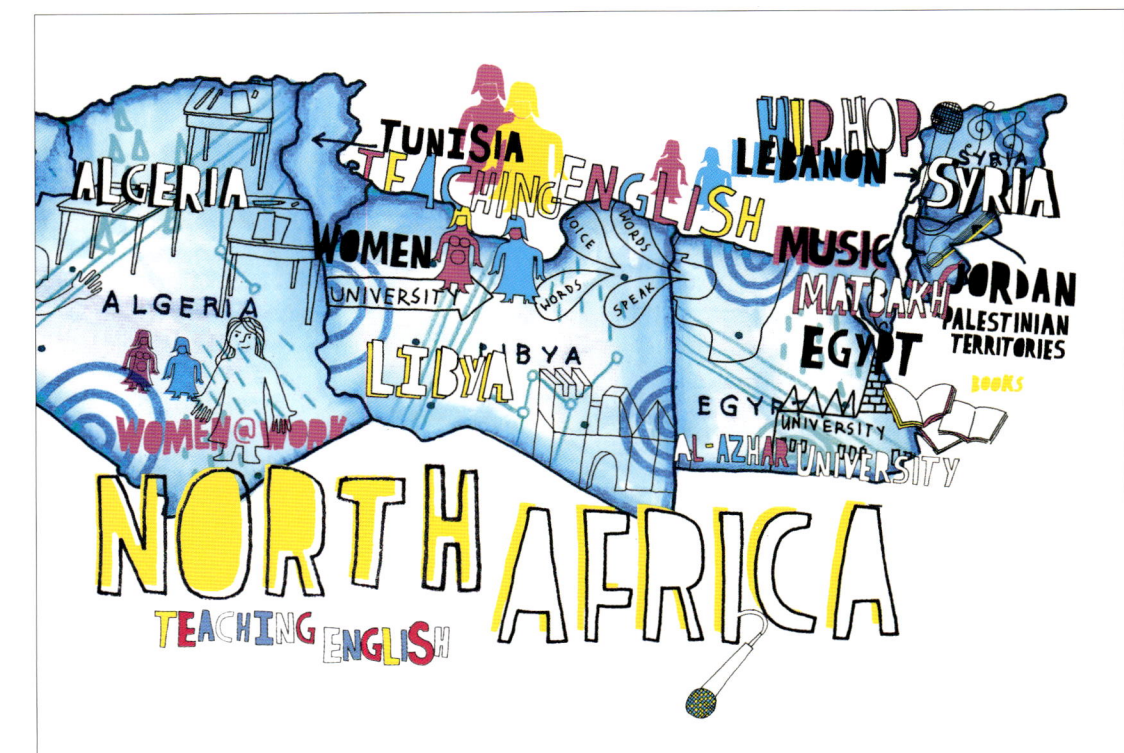

the centre of Cairo and started teaching English to 125 students from the Islamic Studies department. The project aims to produce graduates who not only excel in Islamic studies but are also able to communicate a moderate Islam around the world.

The Al-Azhar project also includes a quality assurance dimension, helping the university to achieve international benchmark standards in its teaching and curriculum design. This is resulting in a number of new UK university relationships, including an exchange programme between the University of Sheffield and the Department of Medicine for Women at Al-Azhar and an exchange of Al-Azhar deans with British academic institutions, focusing on quality assurance.

Al-Azhar is keen to develop the current project with us to engage other Islamic studies centres across the region. In doing so we would be creating new opportunities for thousands of students in the region, improving the quality of education and increasing intercultural understanding around the world.

Income trends
Measured in millions

Grant	Other	Year
8.6	13.8	2007–08
7.2	13.3	2006–07
6.1	12.9	2005–06
5.0	12.8	2004–05

■ Grant income
■ Other income

The region has received a significant increase in grant in line with corporate priorities. This will further increase in 2008–09. Overall, income has grown owing to an increase in English teaching across the region and an increase in client-funded project work in Libya.

Country share of income
Measured in millions
Country in **bold** denotes head office

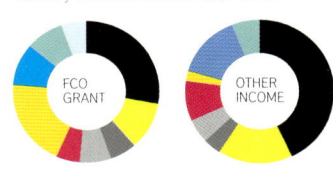

FCO GRANT / OTHER INCOME

	FCO GRANT	OTHER INCOME	TOTAL
● EGYPT	2.0	5.0	7.0
● **JORDAN**	1.0	2.3	3.3
● LEBANON	0.6	0.5	1.1
● LIBYA	0.6	1.6	2.2
● MOROCCO	0.9	1.3	2.2
● PALESTINIAN TERRITORIES	1.6	0.1	1.7
● SYRIA	0.9	2.0	2.9
● TUNISIA AND ALGERIA	0.7	1.0	1.7
● REGIONAL BUDGET	0.4	0.0	0.4
TOTAL	8.6	13.8	22.4

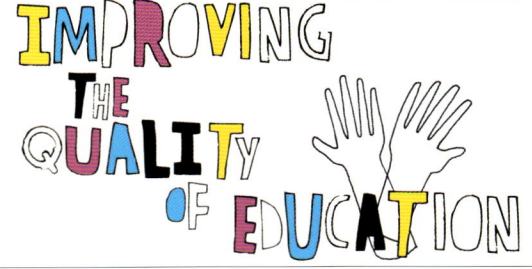

IMPROVING THE QUALITY OF EDUCATION

25

2. O British Council (BC) é a organização internacional para oportunidades de educação e relações culturais do Reino Unido. Como organização, possui escritórios em mais de 100 países, subdivididos em 11 regiões. Seu Relatório Anual (*página ao lado*), projetado pela Navig8, comunica as estratégias, prioridades e aspirações de cada região que, apesar de diferentes, guardam coerência com a visão, o propósito e a missão geral do BC, qual seja: construir relações culturais.

Tabela 5: Estrutura típica de um plano de negócios

Título	Ideia central ou marca
Introdução	Informações de contato da empresa, sumário executivo
Descrição da empresa (caso existente)	Natureza do negócio, principais atividades, experiência, estrutura organizacional, pessoas-chave (tanto seus membros quanto colaboradores/fornecedores externos)
Problema do negócio	O contexto e a oportunidade disponível
Solução do negócio	Qual a solução, como será atingida (a estratégia), público-alvo
Modelo do negócio	Como o propósito e a oportunidade se ligam lucrativamente
USP da oferta	O que torna a oferta diferente
Concorrência	Quem mais compete em seu setor, ou por seus clientes
Plano de marketing e vendas	Como ligar-se ao público, usuários e consumidores, como lançar a oferta
Plano financeiro	Projeções de crescimento, resumo dos lucros, previsões e ROI (se relevante)
Exigências de financiamento	Recursos financeiros necessários, fontes de financiamento
Risco	Problemas e recompensas potenciais
Status atual	Próximos passos
Apêndices	Plano de financiamento (relatório de perdas e lucros, balanço financeiro, previsões de fluxo de caixa, ativos, capital de giro) Plano de custos (previsão de vendas, custo da previsão de vendas, margens) Plano de despesas gerais (e custos associados)

Fonte: Adaptada de Cohen (1997) e Kawasaki (2004)

Prática de gestão

Cumprir visões, metas e objetivos requer a coordenação e o comprometimento de recursos, processos e pessoas, tanto horizontal quanto verticalmente, por toda a organização. Os papéis e responsabilidades dos indivíduos e das equipes, bem como as motivações, incentivos e mecanismos de recompensa envolvidos, definem a cultura e o comportamento da organização. Por estarem acostumados a trabalhar entre os departamentos organizacionais e possuírem uma boa compreensão do design de produtos e serviços e do processo de entrega ao cliente, os gestores de design reúnem condições idôneas para identificar oportunidades adicionais de agregar valor para além dos tradicionais objetivos departamentais.

Cultura e comportamento organizacional

Todas as empresas dispõem de estruturas e sistemas internos para gerenciar os processos do empreendimento e levar os bens e serviços ao mercado, aos clientes e aos usuários finais. Mas o grau de motivação e compromisso dos empregados com o cumprimento do propósito organizacional depende em grande medida da cultura da organização, de modo que a cultura da organização é crucial para a consecução de seus objetivos estratégicos. O alinhamento dos incentivos e comportamentos individuais e organizacionais geralmente instila um sólido sentimento de pertença e comprometimento com uma visão e valores comuns. Ademais, estimula uma cultura que possibilita aos colaboradores agregar valor em todos os níveis.

A principal preocupação da abordagem de gestão de Peter Drucker era determinar como podiam os gerentes tirar o máximo proveito dos recursos humanos, sobretudo no tocante à produtividade e à lucratividade. Eis seus cinco princípios fundamentais de gestão: primeiro, definir objetivos; segundo, organizar; terceiro, motivar e comunicar; quarto; estabelecer medidas de desempenho; e, por último, desenvolver as pessoas, incluindo o próprio eu, segundo resumem Hutton e Holbeche (2007).

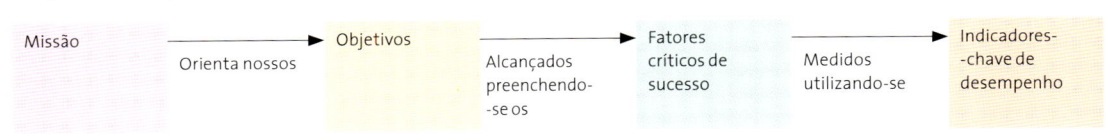

Diagrama 10:
Auditando a cultura e o comportamento organizacional

| Missão | → Orienta nossos | Objetivos | → Alcançados preenchendo--se os | Fatores críticos de sucesso | → Medidos utilizando-se | Indicadores--chave de desempenho |

Sistemas e processos organizacionais

A estratégia corporativa orienta a estratégia de negócios, que, por sua vez, determina a estratégia operacional – por meio de objetivos, metas, fatores críticos de sucesso (CSF) e indicadores-chave de desempenho (KPI). Segundo Clark (2008), os fatores críticos de sucesso (os fatores cruciais para o sucesso de uma iniciativa) e os indicadores-chave de desempenho (os indicadores de um desempenho bem-sucedido) exercem grande influência sobre o comportamento organizacional, visto que as recompensas costumam motivar o comportamento. Esses indicadores definem os incentivos para que as pessoas sejam bem-sucedidas em uma organização.

O alinhamento da visão, da missão, dos objetivos, dos fatores críticos de sucesso e dos indicadores-chave de desempenho ajuda as organizações a saber onde irão (declaração de missão e propósito), o que precisa ser feito (objetivos e metas) e que ações e resultados definem o sucesso (fatores de sucesso e indicadores de desempenho) – todos os quais destinam-se a agregar valor diretamente para a organização e indiretamente para o cliente (Clark, 2008). Os objetivos são quantificáveis, específicos, mensuráveis, alcançáveis, relevantes e limitados pelo tempo. As metas, ao contrário, podem ser qualificáveis e, portanto, são mais abertas e ilimitadas.

Diagrama 10. Quão bem a organização está se saindo? Uma maneira de os gestores de design contribuírem para a consecução dos objetivos empresariais é trazer ideias novas e originais para a organização em termos de como preencher a missão, os objetivos, os fatores críticos de sucesso e os indicadores-chave de desempenho (*página ao lado*). (*Fonte*: Clark, 2008)

Diagrama 11. Hábitos são princípios e padrões comportamentais internalizados que podem ajudar – ou atrapalhar – o sucesso individual e organizacional. Os *Sete Hábitos* de Covey (*abaixo*) abordam a evolução do crescimento pessoal da dependência (dirigido, alimentado, sustentado) à independência (autoconfiança, capacidade, autodomínio) e daí à interdependência (trabalho de equipe, cooperação, comunicação). (*Fonte*: Adaptado de Covey, 1990)

**Diagrama 11:
Auditando os sistemas e processos organizacionais**

Conhecimento
(o que fazer, por que fazer)

Hábitos

Habilidades
(como fazer)

Desejo
(querer fazer)

Relações interpessoais

Todas as empresas precisam de processos de gestão claros e sólidos, assim como de pessoas dotadas do conhecimento e das habilidades necessários para gerenciar e organizar o negócio de maneira eficiente e eficaz. Para identificar e explorar negócios, oportunidades e relações criativas em um contexto mais amplo, é preciso operar tanto de forma independente quanto dentro de redes colaborativas maiores compostas por pequenas e grandes organizações. Criar comprometimento com um projeto e produzir resultados para um projeto são ações mais prováveis de concretizar-se quando equipes de pessoas trabalham bem juntas para alcançar os resultados finais e são motivadas a perseguir as metas e objetivos estabelecidos.

Nas organizações, espera-se que as pessoas trabalhem bem tanto individualmente como em equipes. As habilidades (ou competências) essenciais do bom gestor de design – e as qualidades que todas as organizações podem desenvolver em seus empregados – incluem: pontualidade, habilidades de apresentação, comunicação (escrita e falada), delegação, liderança e gestão, capacidade de trabalhar em equipe, motivar, administrar relacionamentos, obter adesão dos *stakeholders* e da administração, negociar na gestão de pessoal e na resolução de conflitos.

Pessoas dotadas de "inteligência emocional" – a capacidade de compreender os próprios sentimentos e os de outras pessoas, de levar em conta os sentimentos alheios ao reagir a decisões e de responder aos sentimentos das pessoas de forma ponderada, refletida – tendem a trabalhar melhor em equipe (Goleman, 1995). Goleman identificou a existência de cinco "domínios" da inteligência emocional: primeiro, conhecer as próprias emoções; segundo, administrá-las; terceiro, motivar-se; quarto, reconhecer e compreender as emoções alheias; e, por último, administrar relações, isto é, administrar as emoções de outras pessoas.

Tabela 6: Dez passos para um eficiente trabalho de equipe

Passo 1: Concentrar-se na equipe
Conhecer a equipe
Redigir o estatuto da equipe
Iniciar a documentação

Passo 2: Atribuir papéis
Revisar as funções da equipe
Atribuir papéis
Esclarecer responsabilidades

Passo 3: Estabelecer diretrizes
Revisar comportamentos saudáveis da equipe
Definir diretrizes para a equipe
Adicionar um estatuto de equipe

Passo 4: Planejar o trabalho
Traçar as principais metas
Dividir em tarefas
Programar as tarefas

Passo 5: Realizar o trabalho
Reunir-se regularmente
Atualizar itens de ação
Comunicar-se
Tratar problemas

Passo 6: Revisar o desempenho da equipe
Completar a avaliação
Discutir
Definir ações

Passo 7: Concluir o trabalho
Visar à conclusão
Superar problemas
Documentar resultados

Passo 8: Divulgar os resultados
Definir metas de comunicação
Planejar a comunicação
Apresentar/divulgar

Passo 9: Recompensar a equipe
Celebrar feitos importantes como equipe
Reconhecer a equipe na organização

Passo 10: Seguir adiante
Dispersar a equipe
Reestruturá-la ou
Renová-la

Fonte: Rees, 1997

Tabela 6. O trabalho eficiente de equipe compreende três fases: organização, produção dos resultados visados e conclusão do projeto. As equipes precisam de metas claras e da capacidade de serem lideradas ou de colaborarem para chegar a um consenso. Recursos e apoio devem estar disponíveis, e a coordenação e a comunicação precisam ser orientadas, normalmente por um gestor de projeto ou de design. A Tabela 6 mostra os passos adequados que podem ser tomados para garantir um bom trabalho de equipe.

Administração da empresa

Bons sistemas e processos administrativos permitem uma eficiente gestão cotidiana. Gestores de design que conseguem compreender a forma como uma empresa é gerenciada também são capazes de ajudar a identificar oportunidades para o design.

Terceirização

As empresas terceirizam tarefas para as quais não contam com competência interna, ou que podem ser concluídas com mais eficiência, eficácia e habilidade fora da organização. Isso lhes permite centrar-se em suas competências e atividades essenciais. A terceirização pode reduzir e melhorar as estruturas de custo e as despesas gerais, bem como possibilitar a prática de preços mais competitivos. Ademais, fortalecerá uma posição competitiva, por exemplo, ao melhorar o modo como os produtos ou serviços são entregues aos clientes. Nos projetos de design, frequentemente são utilizados *freelancers* ou profissionais contratados, por representarem uma maneira mais flexível, econômica e eficaz de empregar habilidades de design profissionais em projetos de curto prazo.

Faturas e ordens de compra

A fim de adquirir bens e serviços dos fornecedores, as organizações clientes costumam emitir uma ordem de compra com a descrição daquilo que é desejado. Os fornecedores, por sua vez, emitem faturas que deverão ser pagas. Ambos os documentos comerciais contêm informações sobre o número do pedido, a empresa e a pessoa que realizam o pedido, o que está sendo solicitado e seu valor, os impostos inerentes aos produtos e serviços, as condições de pagamento (p. ex., 60 dias) e a taxa de juros cobrada em caso de atraso na liquidação da fatura.

Um contrato constitui uma indicação formal e legalmente executável de que duas partes desejam trabalhar juntas. Para que exista um contrato, uma oferta ou proposta precisa ser feita, e sua aceitação, garantida. A aceitação poder ser escrita, verbal ou tácita, indicada por algum gesto ou comportamento por parte do aceitante. Obviamente, é aconselhável que todos os contratos sejam escritos, a fim de minimizar eventuais desacordos e controvérsias. Eis alguns contratos comuns no setor de design: acordo de confidencialidade e outros contratos que protegem ideias; proteção à propriedade intelectual; contratação e rescisão de trabalho, e aquisição de bens e serviços.

Crédito e débito

As empresas precisam gerenciar proativamente seus créditos e dívidas, quer ao lidar com bancos, fornecedores ou questões tributárias. Ao solicitarem crédito, um processo de "pontuação de crédito" possibilita determinar sua "capacidade de crédito", influenciando, assim, os termos ou condições de crédito que serão oferecidos. Agências de referência de crédito examinam o histórico de crédito de um indivíduo ou organização a fim de avaliar o risco de conceder-lhe empréstimo. Normalmente, a concessão de crédito acarreta juros, a chamada taxa percentual anual de juros, cobrada como penalidade para o caso de atraso nos prazos de pagamento ou de limite de crédito excedido. Em caso de dívida, cumpre tentar combinar condições de pagamento razoáveis com os credores, procurar maneiras de consolidar a dívida e buscar conselhos – sob pena de a empresa falir ou tornar-se insolvente.

1. Declaração de atividades financeiras do British Council (BC). Tendo em vista a observância às regulamentações administrativas governamentais, um auditor independente do BC deve revisar e confirmar que as demonstrações financeiras foram preparadas em conformidade com as políticas contábeis especificadas no relatório anual e que atendem às diretrizes do Tesouro de Sua Majestade (HM Treasury).

2. O sistema de controle do British Council tem por propósito gerenciar o risco a um nível razoável, e não eliminar todos os riscos de falência. Baseia-se em um processo contínuo, destinado a identificar e priorizar os riscos ao cumprimento das políticas e à consecução de metas e objetivos, avaliar a probabilidade de tais riscos se concretizarem – e o impacto provável que teriam se concretizados –, bem como gerenciá-los de forma eficiente, eficaz e econômica.

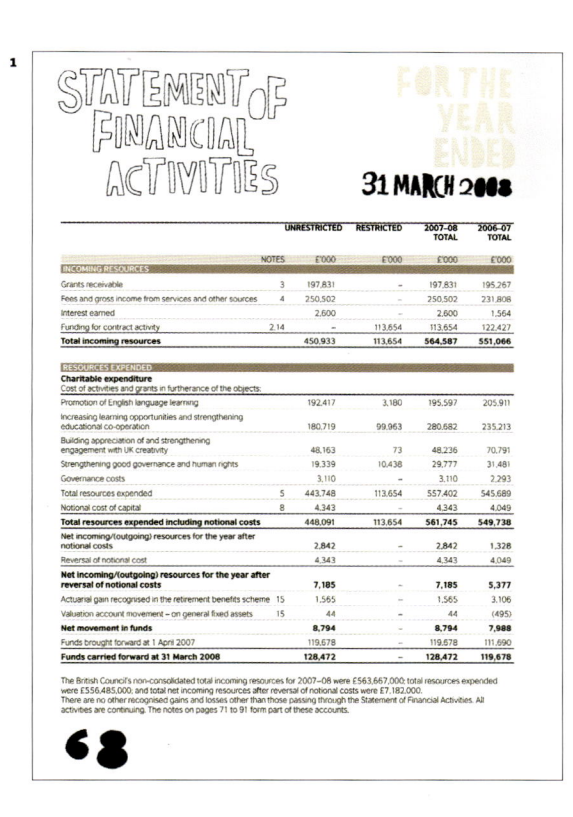

Gestão de riscos

A percepção do risco e a capacidade de identificar, avaliar e gerenciar riscos são parte fundamental do eficiente pensamento gerencial. As pessoas individualmente, e as culturas organizacionais em sua totalidade, apresentam diferentes níveis de conforto no que se refere à disposição de assumir riscos, aceitá-los e temê-los. Ao iniciar um novo projeto, vale a pena determinar – e não supor – o nível de risco que a organização está preparada para assumir.

Para os clientes, agências de design e fornecedores, iniciar uma nova relação de trabalho sempre representa um risco. Assim, reservar um tempo para estabelecer confiança e uma boa comunicação constitui um bom investimento, pois tende a resultar em relações duradouras. Ao iniciar relações com novos fornecedores, as grandes organizações costumam proceder a uma "análise de risco" acerca dos clientes ou fornecedores potenciais, com o objetivo de diminuir sua exposição ao risco financeiro e de reputação. Os gestores responsáveis pela aquisição de bens e serviços examinam os riscos envolvidos no processo e decidem se irão aceitá-los, mitigá-los ou rejeitá-los.

Sucesso da empresa

Assim como existem diferentes maneiras de criar valor, existem também diferentes maneiras de medir o valor. Qual o aspecto do sucesso? Como medir o sucesso corporativo? Como avaliamos o sucesso na empresa? Que medidas de desempenho organizacional são mais aplicáveis aos processos de gestão e, fundamentalmente, mais importantes para o design?

Valor

Segundo John Kay (1995), "o sucesso de qualquer empresa é medido por sua capacidade de agregar valor – de criar um produto que valha mais que os custos do insumo que utiliza". O que valorizamos, no entanto, pode diferir de acordo com nossas culturas e regiões; nos Estados Unidos, por exemplo, o foco é tipicamente direcionado à medição dos lucros, ao passo que, na Europa, tende a estar na melhoria da qualidade de vida.

Medida de desempenho

Os indicadores-chave de desempenho (KPIs – Key Performance Indicators) são utilizados pelas empresas para atingir os fatores críticos de sucesso e, tipicamente, informam às organizações quão bem elas estão se saindo. O desempenho, contudo, indica quão bem uma tarefa é executada, e não se uma atividade real foi completada ou não. Os KPIs precisam ser SMART*: específicos, mensuráveis, alcançáveis, realistas e oportunos. Como qualquer informação gerencial, os KPIs precisam ser justificados em termos de custos e benefícios.

Os critérios de sucesso podem incluir tanto medidas quantitativas (numéricas) quanto qualitativas, como tamanho, participação de mercado, lucratividade, valor para os acionistas, eficiência (técnica), reputação e, cada vez mais, capacidade de inovação. É prática recomendável monitorar o desempenho dos processos empresariais e obter *feedback* para desenvolver ofertas de produtos e serviços cada vez melhores – bem como nortear o aprendizado organizacional, o reinvestimento de capital e a reavaliação dos critérios de sucesso. Que novas medidas poderiam ser utilizadas que refletem e celebram mais apropriadamente o sucesso alcançado?

Protegendo o valor organizacional do design

Quando legalmente registrados, protegidos e explorados, os ativos criativos ou intangíveis de uma organização – ativos de propriedade intelectual como nomes, imagens, conceitos, design*s*, música e texto – podem ser aproveitados para gerar fluxos adicionais de receita e aumentar o valor do design aos olhos da organização. Por exemplo, ao registrar e proteger uma ideia para um produto ou serviço novo e inovador, outras empresas que queiram oferecer o mesmo produto ou serviço terão de celebrar um contrato de licenciamento ou acordo sobre direitos autorais, ou terão de comprar os direitos. Proteger os ativos criativos e intelectuais é um meio valioso de obter vantagem competitiva, na medida em que outras empresas estarão proibidas de copiar, fabricar ou "usurpar" a oferta. A propriedade intelectual pode ser registrada na forma de marcas registradas, direitos autorais, patentes, acordos de licenciamento, direitos de design e transferência de propriedade.

---

* N. de T.: SMART – Specific, Measurable, Achievable, Realistic and Timed.

1, 2, 3. O relatório anual do British Council ilustra uma forma de medir o desempenho organizacional. Após definir seus programas e prioridades geográficas, a entidade utiliza um cartão de pontuação (*score card*) para medir o desempenho da organização nos seguintes aspectos: impacto produzido; públicos envolvidos e atingidos; e nível de satisfação de clientes e *stakeholders*. Esses fatores são medidos com base em seis produtos corporativos (1). Estes medem os resultados anuais, bem como o progresso em relação aos parâmetros estabelecidos, tendências e melhoria dos níveis de desempenho para o futuro (2 e 3).

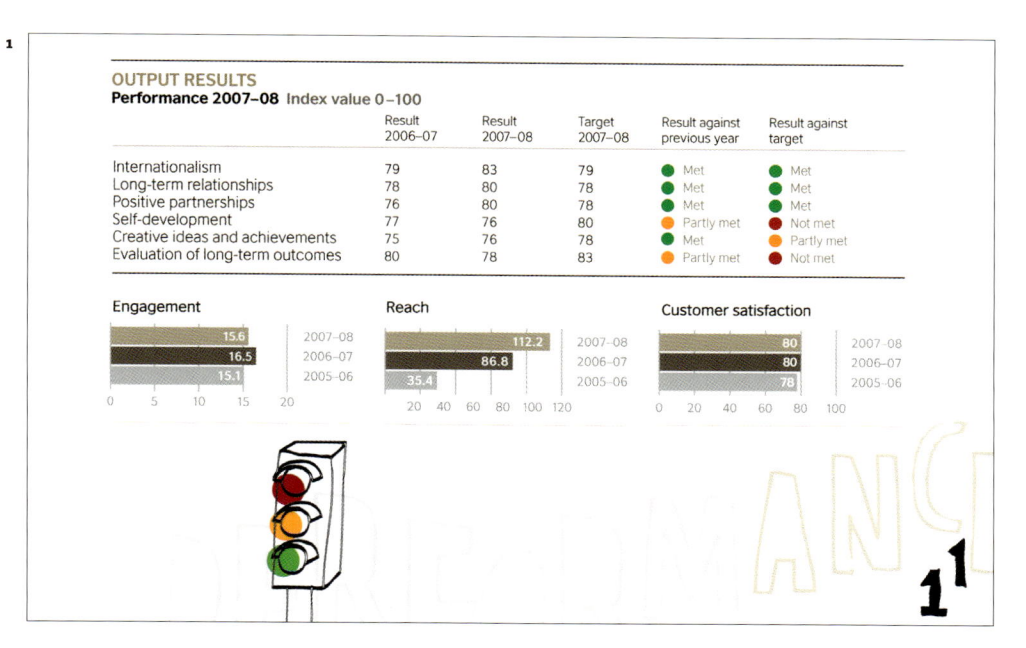

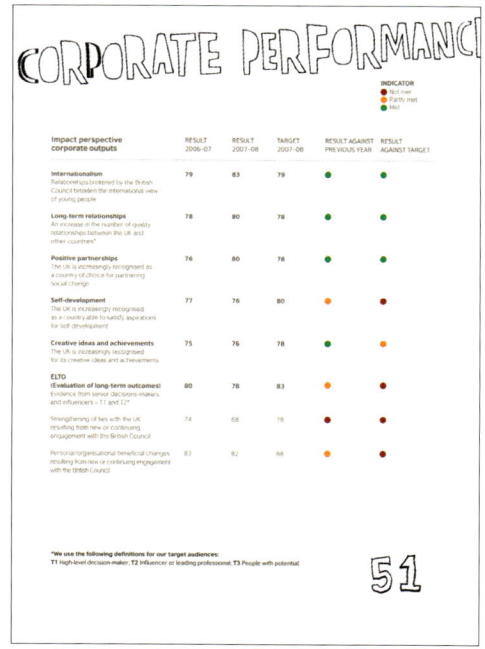

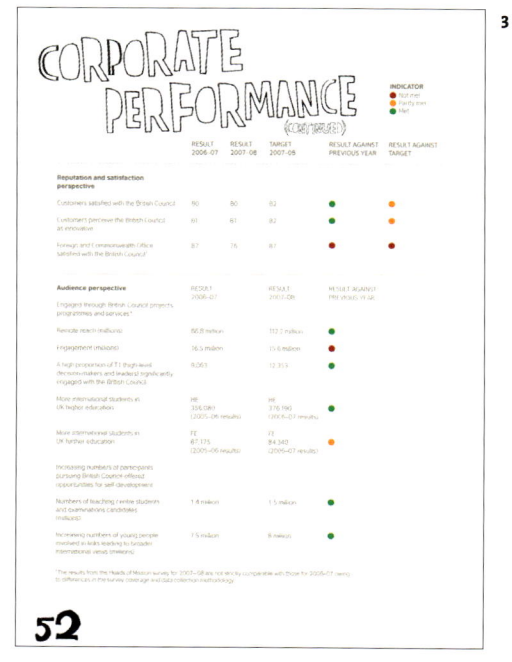

MAS Holdings: varejo ético e empreendedor

Organizações que alinham seu modelo de gestão às necessidades da comunidade local em que estão inseridas reúnem excelentes condições para dar vida à sua visão e aos seus valores de uma maneira que faça real diferença tanto para a sociedade quanto para seus negócios. Com um movimento de vendas estimado em US$ 700 milhões, a MAS Holdings é a maior fabricante de roupas íntimas do sul da Ásia, bem como o fornecedor de artigos esportivos para competição que mais cresce na região. Suas operações globais incluem estúdios de design e 28 fábricas de classe mundial, compostas por uma equipe internacional de mais de 45 mil pessoas.

Bem-sucedida em seus negócios e operações, a MAS Holdings é uma empresa comprometida com práticas éticas e sustentáveis, e está empenhada em posicionar o Sri Lanka como o principal destino mundial para roupas éticas. A cadeia de valor de suas operações globais incorpora uma solução perfeitamente integrada do conceito à entrega, incluindo um premiado amálgama de pesquisa e inovação, design e desenvolvimento, excelência em manufatura e fornecimento de matéria-prima. Suas unidades estratégicas de negócios (SBUs – Strategic Business Units) são certificadas pela WRAP* (isto é, obedecem aos critérios da Worldwide Responsible Apparel Production), ostentando as únicas notas "A" na região. Segundo Holcim, a produção e a exportação de vestuário respondem por dois terços da indústria do Sri Lanka (Holcim, 2008).

Divisões da MAS

Os irmãos Mahesh, Ajay e Sharad Amalean fundaram a MAS Holdings em 1987. A MAS Intimates (divisão especializada em roupas íntimas) surgiria mais tarde, em 2005. Maior divisão da empresa, com vendas anuais totalizando US$ 260 milhões, a MAS Intimates é "fornecedor estratégico" das marcas Nike, Marks & Spencer e Victoria's Secret. Trabalham juntos para enfrentar desafios comuns, como oportunidades iguais e apoio às comunidades locais. As preocupações sociais influenciaram sua decisão de construir fábricas em áreas rurais próximas à sua força de trabalho potencial, com o propósito benéfico de repor o dinheiro obtido nas comunidades locais e formar empregados mais bem treinados, mais felizes e mais leais que pudessem viver e trabalhar perto de seus lares.

A MAS Active é o fornecedor de artigos esportivos para competição e roupas casuais de moda que mais cresce na região, suprindo seu parceiro de *joint venture*, Speedo, seu parceiro de negócios estratégicos, Nike, e outras marcas proeminentes como Adidas e Columbia. Abriram a primeira fábrica dedicada à confecção de trajes de banho no Sri Lanka, onde produzem trajes de banho para os Jogos Olímpicos. Ademais, fornecem a personalidades nacionais e internacionais do esporte roupas desenvolvidas especialmente para seu melhor desempenho – incluindo o fardamento completo da equipe do Sri Lanka campeã mundial de críquete.

---

* N. de T.: Entidade norte-americana sem fins lucrativos destinada à certificação de empresas do setor de moda e vestuário que empregam métodos de produção pautados pela ética e responsabilidade social.

1. Design e inovação são o segredo da vantagem competitiva da MAS. Tendo construído fortes parcerias em sua cadeia de valor, a MAS trabalha em estreita relação com seus clientes, oferecendo apoio durante todo o processo de produção, do conceito à manufatura (<www.masholdings.com>). A MAS é parceira estratégica da NIKE, fornecendo, por intermédio da divisão MAS Active, seu material esportivo para competição (*à esquerda*).

2. A MAS Eco-Go Beyond, um dos muitos programas e iniciativas que compõem seu sistema de responsabilidade social corporativa (RSC), tem por objetivo melhorar a vida das pessoas. Consiste em um programa que ensina sustentabilidade a crianças de escolas comunitárias, beneficiando a comunidade, a organização, o esporte e o meio ambiente. Além de apoiar a educação, a infraestrutura e a subsistência sustentável da comunidade, essa estrutura ajuda as pessoas a realizar seu potencial e gera um senso de família coesa (<www.masholdings.com>). Na ilustração (*à esquerda*) vemos um projeto voltado para o ensino da sustentabilidade a crianças de escola, um exemplo de um dos programas que compõem o sistema de RSC da MAS.

3. Programa MAS "Women Go Beyond": como parte desta iniciativa, o centro de informática da fábrica Slimline da MAS dá cursos gratuitos de treinamento em TI, com duração de seis meses, para operadores de máquinas e seus familiares.

4. A Responsabilidade Social Corporativa (RSC) está no coração da MAS, e cumprir suas políticas éticas é parte importante da visão e dos sistemas de informações da organização. Como exemplo, o foco na criação de ambientes de trabalho saudáveis próximos a áreas rurais onde vivem muitos de seus empregados garante a reputação da empresa e credenciais em RSC, além de contribuir para diferenciá-la de muitos concorrentes. Esta imagem mostra matéria sobre a MAS e suas políticas éticas publicada recentemente na *World Business*.

Cultura organizacional

Com uma cultura de gestão progressista, a MAS é uma organização que "busca capacitar as pessoas em todos os níveis", procurando constantemente "elevar os padrões de ética e as melhores práticas da indústria global" – algo que se demonstra não apenas com sucesso econômico, mas também com altos níveis de desempenho ambiental e social. "Garantir o bem-estar do empregado, sem deixar de considerar seus direitos e meios de capacitação, é central para a filosofia humana que seguimos. Nossas práticas de trabalho, que incluem sistemas e processos operacionais enxutos, conferem autoridade a nossos funcionários, da linha de costura até os mais altos níveis" (<www.masholdings.com>).

A velocidade de seus processos de desenvolvimento de produtos permite à empresa servir de parâmetro para a concorrência, bem como obter notável vantagem competitiva.

Responsabilidade da MAS

Para a MAS, responsabilidade corporativa (RC) implica "fazer a coisa certa". Com efeito, a sustentabilidade social está inscrita no DNA da empresa desde o início, possibilitando-lhe trabalhar em parceria com os clientes em importantes iniciativas de RC, na qualidade de "corporação responsável" – bem como estabelecer o contexto onde situar suas operações e tornar-se parte das comunidades em que está baseada.

Suas iniciativas de RC consistem nos programas MAS Women Go Beyond (defesa da capacitação da mulher na indústria global de vestuário) e MAS Eco Go Beyond (educação das novas gerações nos princípios da sustentabilidade).

Parcerias estratégicas

A MAS empenha-se em firmar parcerias estratégicas que sejam mutuamente produtivas e rentáveis. Considera o design e a inovação fundamentais para sua vantagem competitiva, possibilitando-lhe fortalecer as parcerias de sua cadeia de valor, sua colaboração com os clientes e seu apoio aos processos de design e desenvolvimento de produtos, desde o conceito até a manufatura. A equipe de design e desenvolvimento da Active proporciona "parcerias poderosas com presença regional, integração da cadeia de suprimentos e controles de processo altamente coordenados e sincronizados" (<www.masholdings.com>).

MAS Intimates Thurulie

Como exemplo de seu compromisso com a sustentabilidade, a MAS desenvolveu uma "ecoiniciativa", o MAS Intimates Thurulie – primeira fábrica destinada à produção ecologicamente correta de roupas, abastecida exclusivamente por fontes de energia neutras em carbono.

Concebida em torno dos princípios de produção enxuta, a fábrica é operacionalmente rentável (em termos de eficiência energética, eficiência operacional e produtividade), revitalizou um centro industrial histórico ao restabelecer uma base econômica local e oferece empregos duradouros para 1.300 habitantes da região (Holcim, 2008). Em lugar de uma única grande instalação fabril, são utilizados padrões de produção enxuta – áreas de produção menores com discretos fluxos de valor – desde o corte dos tecidos até a embalagem do produto final. Para fortalecer o senso de igualdade e a colaboração direta, as áreas de produção e os escritórios são visualmente ligados, sem colunas ou divisórias. Rigorosos critérios de seleção foram empregados na especificação dos materiais de construção adequados para o design, inspirado na arquitetura cingalesa.

Todas essas ações ajudam a estimular a estabilidade, a saúde e o bem-estar duradouros tanto da região – social, econômica e ambientalmente – e das próprias pessoas. A fábrica, seu ambiente de trabalho e a preservação do *habitat* do entorno proporcionam aos empregados beleza, conforto, respeito e dignidade; serviços adicionais como transporte (ônibus), refeições gratuitas, assistência médica e instalações bancárias também são oferecidos no local. Todos esses benefícios seguem a crença de que as "cidades e edificações devem responder às necessidades emocionais e psicológicas proporcionando ambientes estimulantes, ampliando a consciência dos valores importantes, inspirando o espírito humano e unindo a sociedade" (Holcim, 2008).

A Holcim Foundation for Sustainable Construction elaborou cinco "pontos-chave" para ajudar a avaliar como o prédio da fábrica contribui para o desenvolvimento sustentável: desempenho ambiental, social e econômico equilibrado; formação de boas vizinhanças, vilas e cidades; e necessidade de avanços significativos que possam ser aplicados em larga escala. Tanto a MAS Holdings quanto a Marks & Spencer lograram apresentar a fábrica como "um modelo icônico para a produção verde, um modelo que estabelece novos padrões de design, construção e operação" (Holcim, 2008).

5

6

5, 6. Como prédio, o MAS Intimates Thurulie representa "um desvio visionário em relação à fábrica tradicional, estabelecendo novos padrões éticos e de responsabilidade ambiental para as atividades de produção" (Holcim, 2008). É uma fábrica moderna e emblemática para a MAS Holdings, um "prédio modelo" para a ecoiniciativa "Plan A" da Marks & Spencer e um ícone globalmente difundido, um símbolo das crenças e valores da MAS.

Ruedi Alexander Müller-Beyeler
TATIN Scoping Complexity

A TATIN Scoping Complexity é uma empresa internacional de especialistas em design voltada para a mudança e a inovação.

Habilidades de gestão: complexidade, mudança e inovação

"Os fabricantes automotivos sabem construir carros realmente bem. São desenvolvedores de carros de coração e alma. É provável, portanto, que ao refletir sobre meios alternativos de locomoção ainda pensem em carros. Isso os leva a ideias sobre conceitos de automóveis alternativos, mas provavelmente não a ideias novas e revolucionárias, como, por exemplo, utilizar a Internet como veículo de viagem. A noção de que as pessoas poderiam viajar na rede em vez de dirigir carros pode soar ameaçadora para os fabricantes de carros, pois tudo o que conhecem e sabem fazer bem necessariamente seria questionado.

O *status* da produção automobilística no início do século XXI é um bom exemplo de como as empresas – mesmo as grandes organizações – são construídas para propósitos específicos. *Know-how* e competências são desenvolvidos, estruturas são projetadas, e a cultura é otimizada de forma correspondente. Uma mudança vinda de dentro ou de fora irrita tal sistema.

Para compreender e estimar até que ponto a inovação e a mudança são possíveis em uma empresa, devo, como gestor de design, entender exatamente o que representa a organização. O que ela faz bem? Como pensa e age? Qual o seu modelo de negócios? Será que a nova estratégia especulada é realmente adequada? Preciso compreender o que um fabricante de carros quer dizer – e não quer dizer – quando fala sobre mobilidade.

Como as empresas são construídas para produtos, serviços e procedimentos específicos, e obtiveram sucesso com eles no passado, devo, como gestor de design, examinar a robustez de uma nova estratégia quando me é apresentada pelo conselho de diretores. Por robusto quero dizer compatível com as competências da empresa, por exemplo, no contexto da competência, da estrutura e da cultura. Será que a empresa está realmente disposta e apta a desenvolver e implementar algo novo?

Está pronta para arcar com as consequências e questionar o que representou um sucesso até aqui? Ou pretende seguir o que outras empresas estão fazendo e não mudar absolutamente nada? O propósito do fabricante automotivo é proporcionar mobilidade às pessoas ou simplesmente construir um carro novo que consuma menos combustível?

Inovações reais ou revolucionárias podem mudar o mundo e, provavelmente, como consequência, mudar a própria empresa. Logo, cabe às empresas desenvolver novas capacidades, construir novas estruturas e mudar sua cultura. Na qualidade de gestor de design, devo perguntar se a empresa está preparada para mudar quando a estratégia exigir inovação, bem como estar ciente de que represento uma espécie de gerente da mudança na organização. Isso significa que os processos de design são também, simultaneamente, processos de mudança. A gestão do design pode influenciar a empresa a longo prazo e ajudar a promover uma ruptura se aplico métodos que facilitam o trabalho rumo à consecução de uma meta e, ao mesmo tempo, permito, apoio e incorporo a mudança à empresa.

Meu objetivo como gestor de design é desenvolver o processo de design a fim de que a transformação seja reconhecida e aceita como uma oportunidade pela organização. Nesse sentido, a gestão do design proporcionará à empresa um duplo benefício.

Em primeiro lugar, o processo de design conduzirá a um resultado – por exemplo, um novo produto, um novo serviço ou um novo modelo de negócios; em segundo lugar, o processo de design pode possibilitar uma transformação estrutural, cultural e procedimental dentro da empresa, abrindo espaço para desenvolvimentos futuros. Por fim, o resultado possivelmente será não apenas um carro que consome menos combustível, mas também uma empresa repleta de entusiasmo, inspirada a pensar mais no futuro."

Ruedi Alexander Müller-Beyeler
Tatin Scoping Complexity, Suíça

"Inovações reais ou revolucionárias podem mudar o mundo e, provavelmente, como consequência, mudar a própria empresa."

Joshua L. Cohen
RatnerPrestia

A gestão do design é uma atividade interdisciplinar e colaborativa. Baseia-se nas áreas de design, negócios, engenharia e em uma rede de outras disciplinas que operam em conjunto para produzir inovações de design. Joshua L. Cohen examina a gestão do design do ângulo privilegiado da disciplina jurídica. Sua perspectiva é a do direito do design.

O processo de gestão

"Dessa perspectiva, o processo de design é muito menos um esforço criativo para a busca da bela forma do que uma ferramenta gerencial. Quando bem-sucedido, é capaz de proporcionar preciosas vantagens comerciais. Diante da concorrência global, cabe aos inovadores do design tomar medidas para sustentar essas vantagens comerciais. Assim, garantirão importantes ativos comerciais e 'alimentarão' os resultados financeiros. Tal imperativo se aplica a todos os aspectos da inovação de produtos e serviços, sendo especialmente crucial quando aplicado a designs de produtos de consumo.

A princípio, um importante objetivo dos gestores de design é produzir designs que se destaquem no mercado. De fato, espera-se hoje que os gestores de design sejam capazes de fazê-lo, encontrando meios de explorar a vantagem competitiva conferida por projetos de design inovadores pioneiros no mercado e convertê-la em vantagens comerciais robustas e sustentáveis.

Ao empregar equipes de design interfuncionais e multidisciplinares, os gestores de design reúnem as condições necessárias para gerar o tipo de inovações de design que gozam de duradoura vantagem competitiva. Para que triunfem nesse esforço, eles precisam considerar os riscos e direitos de propriedade intelectual que acompanham tais inovações. Com a ajuda de um advogado especializado em propriedade intelectual, os gestores de design podem garantir uma vantagem competitiva por meio da *diferenciação estratégica do design* e da *propriedade do design*.

Por diferenciação estratégica do design refiro-me aos esforços premeditados e estruturados para conferir singularidade a um design. Tal singularidade proporciona uma valiosa distância entre as inovações de design e sua concorrência. É o atributo que estabelece uma relação entre um design e seus consumidores.

Os gestores de design podem empregar a diferenciação estratégica do design partindo de um plano de ação que inclui decidir desde cedo, no esforço de design, a melhor maneira de uma solução prospectiva de design diferenciar-se das ofertas rivais, mirando-se, assim, os tipos de elementos de design capazes de tornar-se poderosos fatores de diferenciação no mercado. Durante o processo de design, é importante avaliar, em etapas fundamentais, quais direitos de propriedade intelectual podem ser assegurados. Diferentes modalidades de proteção ao design poderão então ser aplicadas para reforçar o *brand equity* e, assim, sustentar uma vantagem comercial aprofundando-se o vínculo entre o consumidor e o produto.

Quando bem executada, a diferenciação estratégica do design leva à propriedade do design, isto é, à capacidade de adotar e comercializar um design exclusivo que não colide com os direitos de outros, ao mesmo tempo em que exclui outros de utilizá-lo. Numa palavra, é a invejável condição de estar armado para impedir que outros utilizem um design único e, ao mesmo tempo, livre para usá-lo sem infringir os direitos alheios. As proteções à propriedade intelectual – como os direitos conferidos por patentes, marcas registradas e segredos comerciais – e as estratégias empregadas para assegurar tais proteções deveriam sempre ser adaptadas a objetivos comerciais de longo prazo.

Joshua L. Cohen
Advogado,
RatnerPrestia,
Estados Unidos

Para garantir a liberdade de promover um design inovador, todos os riscos associados aos conceitos propostos para tal design, no sentido de violarem diretos de propriedade alheios, devem ser identificados logo no início do processo de design, a fim de ser eliminados. Se necessário, um advogado especializado em propriedade intelectual poderá ajudar os gestores de design a 'contornar' o escopo dos direitos de propriedade intelectual de outros designs.

Juntas, a diferenciação estratégica do design e a propriedade do design conferem a verdadeira vantagem competitiva capaz de transformar as inovações de design em valiosos ativos comerciais. Quando os gestores de design estão cientes da importância da diferenciação e das estratégias para obtê-la da perspectiva legal, a propriedade do design torna-se um precioso subproduto de ofertas de design bem-sucedidas. Os gestores de design devem ter em mente que, por mais belos que sejam os designs, se não forem exclusivos e protegidos, poderão não usufruir um sucesso comercial duradouro."

Kevin McCullagh
Plan

A Plan é uma consultoria de estratégia de produtos. Ajuda empresas de todo o mundo a projetar suas ações trazendo mais clareza para a fase inicial do planejamento de produtos.

Negócios e empresa

"Os gestores de design tiveram uma ótima década entre 1997 e 2007. Os desafios enfrentados nesse período venturoso resultaram de avanços positivos como a inclusão do design na pauta gerencial, a expansão de sua influência e a consequente complexidade originada com o aumento de sua responsabilidade e exposição. Um clima de negócios mais áspero levará a um conjunto diferente de demandas.

Olhando em retrospectiva, dois eventos ocorridos em 1997 assentaram as bases para a ascensão do design. No Reino Unido, o Partido Trabalhista de Tony Blair foi eleito para modernizar a Grã-Bretanha, tendo logo alçado suas indústrias criativas ao primeiro plano da política econômica – estratégia que seria reproduzida no mundo inteiro, na forma de incontáveis políticas voltadas para o setor criativo. Criatividade e inovação começavam a virar jargão entre os líderes políticos e empresariais.

No mesmo ano, Steve Jobs retornou à Apple, que logo tornou-se o estudo de caso totêmico de como superar a concorrência com designs inteligentes e inovadores. Como consultor de estratégia de design nessa época, perdi a conta de quantas estratégias de diretores de marca almejavam pouco mais que ser 'a Apple de nossa categoria'. Os dias de defesa da importância do design foram substituídos pelos de combate aos clamores de diferentes partes da empresa que desejavam participar da festa do design.

O 'design thinking', a noção vagamente definida de que os designers estão bem preparados para lidar com uma ampla variedade de problemas empresariais, pode ser considerado o símbolo máximo dessa euforia.

Críticas começaram a vir à tona em 2007, quando as credenciais de sustentabilidade do design e sua obsessão pela novidade começaram a ser questionadas. No mesmo ano, a revista *Business Week* anunciou um 'retrocesso na inovação'. Tal retrocesso só serviu para afiar as questões para os gestores de design.

A ideia do design como solução milagrosa caiu em desuso. Como um gestor de design me disse recentemente, 'até os perus podem voar num tornado'; mas, quando o vento deixou de soprar a favor, muitos gestores de design ficaram planando. A maior exposição à alta gestão deixou muitos deles… bem… expostos.

A preocupação é que os gestores de design desperdiçaram tempo demais tentando superar os MBAs, perdendo o foco na produção de grandes designs. A resposta mais comum a esse sentimento de 'sobrecarga corporativa' tem sido reagrupar-se e voltar ao básico, com muitos gerentes ansiando por arregaçar as mangas e concentrar-se no design.

Ainda que essa reação a um senso de 'extrapolação da missão original' seja compreensível, ela arrisca pôr a perder alguns ganhos importantes. É vital que o design não passe a ser visto como parte da efervescência dos *go-go years*. Embora não sirva como substituto da estratégia de negócios, o design tem mais a oferecer do que uma experiência estética. Um dos grandes desafios do próximo período será definir, com mais rigor e precisão, os limites daquilo com que os departamentos de design podem e não podem contribuir proveitosamente.

O design e a inovação foram inegavelmente esvaziados de grande parte do seu sentido original por conta de seu emprego excessivo (e abusivo), mas devemos resistir à adoção de novos jargões. Não há outra opção, senão explicar – da maneira mais específica possível – como o design pode contribuir para o sucesso de uma empresa. Ademais, não devemos nos envergonhar de explicar como é difícil produzir um grande design, e que, embora haja um processo de design, não se trata de uma metodologia de aplicação geral, mas de uma metodologia especializada que deve ser executada por designers experientes e talentosos."

Kevin McCullagh
Diretor, Plan, Reino Unido

"O design e a inovação foram inegavelmente esvaziados de grande parte do seu sentido por conta de seu emprego excessivo (e abusivo), mas devemos resistir à adoção de novos jargões. Não há outra opção, senão explicar – da maneira mais específica possível – como o design pode contribuir para o sucesso de uma empresa."

4

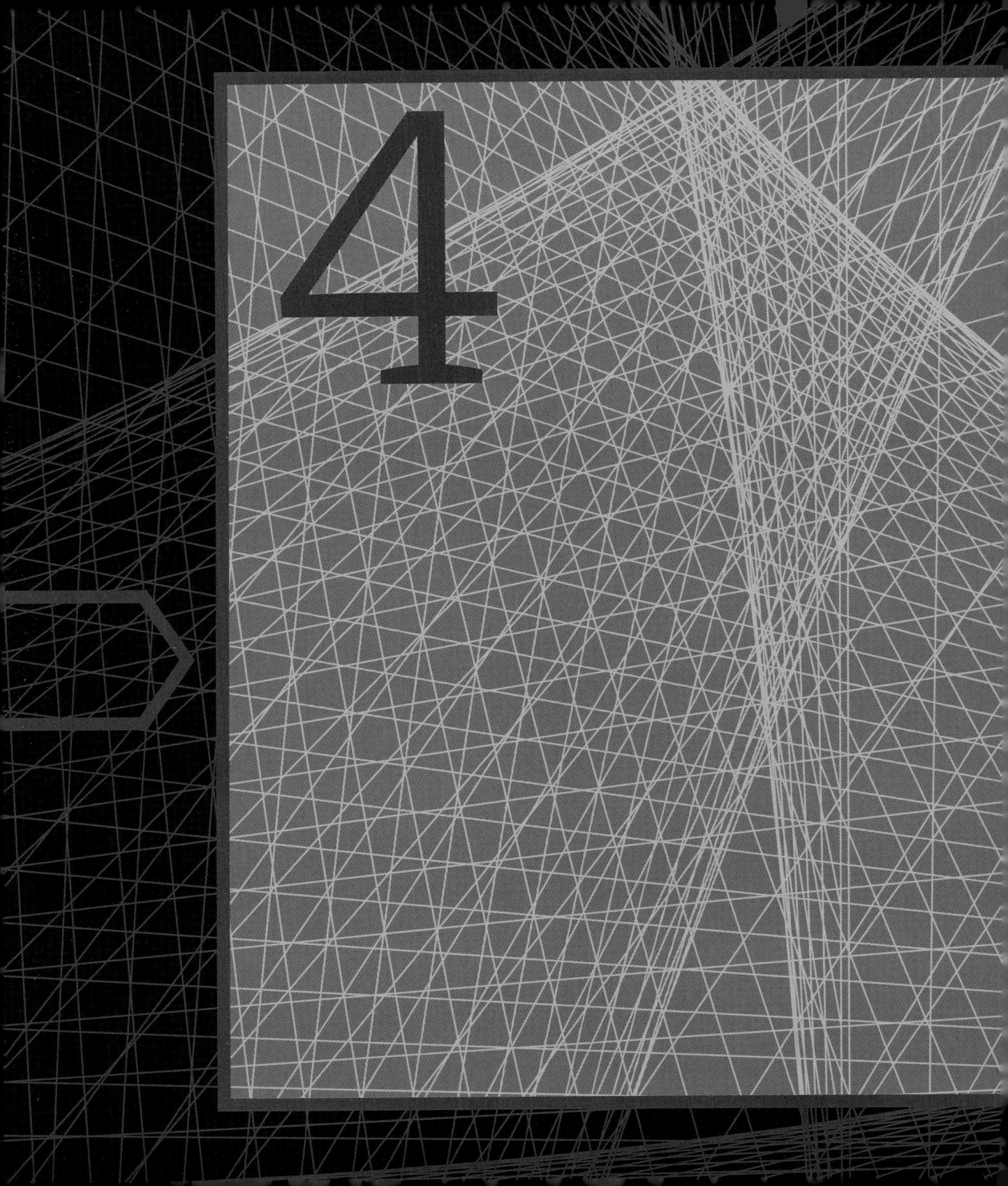

Contabilidade e finanças

A organização financeira

O mundo das finanças é um tanto obscuro para a maioria dos designers, mas participar de conversas e discussões sobre finanças e gestão eficiente do dinheiro é importante para garantir a sobrevivência de qualquer tipo de negócio. Conhecer os fundamentos da gestão financeira, como é relatado o desempenho corporativo e até que ponto o design é valorizado na organização ajudará os designers a "compreender os números" e o modo como são utilizadas as informações financeiras nos processos decisórios.

Finanças e contabilidade

As finanças constituem a força vital de qualquer empresa ou negócio, sem as quais as organizações pereceriam. Fundamentalmente, dizem respeito à gestão do dinheiro: como é captado, utilizado e gasto por um indivíduo ou por uma empresa. Os especialistas em finanças são capazes de compreender instantaneamente o estado de um negócio analisando seus números e medidas financeiros. Também são capazes de utilizar as ferramentas de planejamento, orçamento e previsão para gerenciar com eficiência as exigências organizacionais correntes e futuras. O modo como são apresentados e controlados esses números depende da estrutura e da escala de cada empresa.

A maioria das grandes organizações dispõe de um departamento financeiro com seus próprios procedimentos de contabilidade, ao passo que, nas empresas menores, o conjunto das decisões contábeis e financeiras pode ficar a cargo de uma única pessoa.

Profissionais independentes tendem a terceirizar suas finanças a um contador externo. Em que pese a imagem estereotipada menos glamorosa dos contadores, sua influência sobre os aspectos comerciais e, em última análise, sobre o sucesso de uma empresa, é profunda. A contabilidade consiste no "trabalho de registrar o dinheiro pago, recebido, emprestado e devido" (Ivanovic e Collin, 2005).

Processos financeiros

Contabilidade financeira: registra as transações monetárias (p. ex., escrituração contábil), e sua audiência costuma ser externa. A contabilidade gerencial concentra-se na geração de valor para os *stakeholders* (p. ex., assegurando a utilização eficiente dos recursos), sendo empregada predominantemente pela gestão.

Relatórios financeiros: mostram o desempenho da empresa. Constituem o processo utilizado para explicar a estratégia da empresa aos investidores e mercados, bem como para registrar e comunicar sua situação financeira corrente em termos de ativos e dívidas. O ciclo de informes financeiros ocorre a intervalos definidos (em geral anualmente), devendo cada informe atender a exigências de ordem regulamentar – demonstrar conformidade regulatória (para propósitos legais, governamentais e tributários) – e de caráter gerencial – apresentar o valor, o desempenho e a integridade financeiros da empresa (a analistas, investidores e auditores).

1. Estabelecida no Reino Unido, a Nottingham Community Housing Association (NCHA) segue valores tradicionais de serviço com um enfoque inovador. A Purple Circle refletiu tal combinação no design que criou para seu relatório anual de 2008. A tradição se reflete no estilo retrospectivo das palavras e imagens, com o design remontando às origens da NCHA, no início dos anos 1970.

1

Metas organizacionais

A maioria dos diretores financeiros trabalha ao lado de um conselho de administração para alcançar as metas financeiras estratégicas do negócio, sendo ao mesmo tempo inteiramente responsável pela administração diária da parte contábil e financeira da empresa. Suas habilidades de análise financeira são utilizadas em toda a empresa para apoiar igualmente os processos internos de tomada de decisão e os processos de relatório externo.

Em última análise, é importante considerar a estratégia financeira no contexto das metas e objetivos estratégicos mais amplos da organização, bem como em relação aos próprios clientes. Do contrário, a meta seria obter lucros a curto prazo pelo simples afã do lucro, possivelmente solapando a estabilidade e sustentabilidade financeira da organização a longo prazo.

Os gestores de design precisam saber equilibrar os objetivos comerciais e criativos. Para criar, desenvolver e explorar as oportunidades disponíveis para o design, talvez precisem questionar o *status quo* relativo ao modo como são utilizados os números na tomada de decisão. Mesmo um conhecimento elementar de finanças poderá ajudar os gestores de design a apoiar e exercer influência positiva no contexto de uma equipe de gestão.

É preciso desafiar a forma como o sucesso é definido e medido de modo a favorecer o design? Existem oportunidades para introduzir novas maneiras de medir o valor e o sucesso que beneficiem o design?

Contabilidade financeira

Todas as empresas devem manter uma contabilidade que registre seu *status* financeiro e informe suas relações e transações financeiras. Isso é realizado utilizando-se um conjunto de declarações financeiras.

Demonstrações financeiras

Balanço patrimonial: Um balanço patrimonial mostra a situação de uma empresa em determinada data. Demonstra o equilíbrio financeiro da empresa nesse momento, em termos de ativos (terra, prédios, ações, dinheiro em caixa, dinheiro devido, despesas pagas antecipadamente) e de passivos (aquilo que a empresa deve – contas a pagar, empréstimos, provisões para despesas futuras). O patrimônio líquido, isto é, o resultado do cálculo de ativos menos passivos, equivalerá ao patrimônio dos proprietários ou acionistas (isto é, os ativos líquidos que são distribuídos entre os acionistas da empresa).

Mais especificamente, os ativos são considerados fixos ou imobilizados (o valor presente de estoques, equipamentos, prédios, veículos) ou correntes ou circulantes (ações, contas a receber, dinheiro no banco ou em caixa). A diferença essencial entre ambos é que os ativos circulantes são passíveis de ser convertidos em dinheiro imediatamente. Os passivos circulantes incluem empréstimos bancários e saques a descoberto, contas a pagar e dívidas. Os empréstimos de longo prazo consistem, por exemplo, em coisas como hipotecas.

Em geral, os ativos, "A" (como estoques, equipamentos e prédios), equivalem aos passivos, "P" (como empréstimos bancários, contas a pagar ou dinheiro devido a fornecedores), mais o patrimônio dos proprietários, "PP" (como o próprio dinheiro dos proprietários). A equação é expressa pela seguinte fórmula: $A = P + PP$.

Demonstração de resultado do exercício: Também conhecida como "demonstração de lucros e perdas", a demonstração do resultado do exercício descreve as receitas, as despesas e a subsequente lucratividade da empresa ao longo de um período de tempo definido. Mostra a atividade (despesas/custos de vendas e receitas de vendas) ocorrida desde o último balanço patrimonial. O imposto é pago sobre o lucro líquido.

O resultado líquido (RL) da empresa consiste na diferença entre as receitas (R) geradas menos as despesas (D) incorridas ($R - D = RL$): se positivo, a empresa obteve lucro no período; se negativo, sofreu prejuízo.

Demonstração dos fluxos de caixa: A demonstração dos fluxos de caixa registra o montante de dinheiro que entra e sai da empresa durante um período de tempo específico (geralmente um ano). Com efeito, o fluxo de caixa é causa comum de falência em empresas; o dinheiro que ingressa na empresa proveniente das vendas precisa exceder as despesas, e situações como atrasos de pagamento, acesso limitado ao crédito, aumento dos custos financeiros ou a exigência de pagamento antecipado por parte dos fornecedores podem afetar o fluxo de caixa.

Contabilidade financeira: é a classificação e registro das transações monetárias de uma entidade de acordo com conceitos, princípios, normas contábeis e obrigações legais definidos, bem como sua apresentação, feita por meio de balanços patrimoniais, demonstrações de resultado do exercício e demonstrações de fluxo de caixa, durante e ao final de um período contábil.

Contabilidade gerencial: é a aplicação dos princípios de gestão contábil e financeira com vistas a gerar, proteger, preservar e ampliar o valor para os *stakeholders* de empresas com e sem fins lucrativos dos setores público e privado.

Fonte: CIMA, 2005

Interpretando as demonstrações financeiras

As demonstrações financeiras podem ajudar os investidores e os credores a determinar o desempenho passado de uma empresa, prever seu desempenho futuro e avaliar sua capacidade de gerar fluxo de caixa. Examinando o movimento de receitas, lucros e déficits, e conhecendo o modo como a informação é utilizada na tomada de decisões (e os pressupostos e limitações inerentes a ela), é possível avaliar a "saúde" financeira de uma organização. Tal conhecimento possibilitará aos gestores de design contribuir com *insights* e exercer maior influência.

Relatórios financeiros

Relatórios financeiros são o processo por meio do qual as empresas divulgam informações concernentes às atividades financeiras do negócio. Esses relatórios são utilizados por investidores e analistas a fim de interpretar as implicações financeiras das práticas da empresa. Consistem em relatórios e contas anuais.

Relatórios e contas anuais

O relatório anual é utilizado para comunicar as atividades da empresa no último ano tanto aos *stakeholders* quanto ao público em geral. O presidente/CEO apresenta o relatório com um resumo das atividades do ano, seguido por um resumo dos dados financeiros e de um índice. Cada vez mais são também incluídas informações sobre agendas ambientais e sociais.

As contas anuais mostram a situação financeira geral da empresa e incluem demonstrações contábeis: balanço patrimonial, demonstração de lucros acumulados, demonstração de resultado do exercício, demonstração de fluxo de caixa, notas anexas às demonstrações financeiras e políticas contábeis. Também podem ser utilizadas para avaliar a sustentabilidade de fluxos de caixa futuros.

No Reino Unido, o Accounting Standards Board (ASB) identificou oito critérios relativos ao relatório OFR (*operating and financial review*), considerado o padrão de "melhor prática". São eles: visão geral do negócio; mercado; estratégia; indicadores-chave de desempenho; informações prospectivas; informações de gestão de risco; relações; e responsabilidade (Radley Yeldar, 2008).

Nas grandes organizações, os acionistas são convidados a participar de uma assembleia geral anual (AGM), onde podem questionar os representantes da empresa (diretores, o conselho de administração, o CEO) sobre a direção e as práticas gerenciais da organização.

Relatório de responsabilidade social corporativa (RSC)

Todas as empresas exercem impacto sobre a economia, o ambiente e a sociedade, de modo que a ética empresarial também está sujeita a um processo de auditoria. Os relatórios de RSC visam a promover o equilíbrio do crescimento econômico com a sustentabilidade social e ambiental. Seu propósito é estimular negócios sustentáveis que aliem lucratividade de curto prazo à criação de ativos intangíveis de longo prazo. Tais relatórios avaliam até que ponto as empresas assumem a responsabilidade por suas ações e não raro incluem medidas de mudanças estratégicas e operacionais por elas implementadas, as quais alavancam a sustentabilidade como um propulsor do desempenho.

Dependendo da empresa, questões como ética empresarial, responsabilidade social e cidadania corporativa são incluídas nos relatórios, tendendo, por conseguinte, a ter um caráter prospectivo em sua abordagem. Como podemos adaptar adequadamente nossos modelos de negócios comerciais a fim de que priorizem o crescimento sustentável e as necessidades dos *stakeholders*, construam uma vantagem competitiva convincente e combinem iniciativas de redução de custos, ao mesmo tempo em que empregam estratégias de redução de consumo energético e de emissões de carbono? O setor de linhas áreas é hoje um bom exemplo de indústria que luta para responder a essas questões.

1, 2, 3. A analogia futebolística utilizada pela Purple Circle promove a ética de equipe da Nottingham Community Housing Association (NCHA), bem como estimula as pessoas a ler sobre o desempenho da instituição em seu relatório e suas contas anuais (1 e 2). O formato, reduzido para que fosse mais fácil de carregar e mais barato de imprimir, segue o estilo dos tradicionais programas de futebol da Grã-Bretanha. Os membros do conselho são apresentados como uma equipe (2). A demonstração do resultado do exercício e o balanço patrimonial (3) mostram, respectivamente, os "lucros e perdas" e o "balanço financeiro" da organização

Para muitas organizações, elaborar um relatório de RSC separado é uma forma de incorporar a sustentabilidade a seu relatório anual – e a seus modelos de negócios. Na maioria das vezes, essas empresas são motivadas pela oportunidade de reduzir custos, aumentar a produtividade e incrementar suas receitas por meio de iniciativas tais como os programas para melhoria da eficiência energética. Evidentemente, os gestores de design precisarão estar a par dessas novas iniciativas e preparados para incorporar os princípios que propugnam a seus planos.

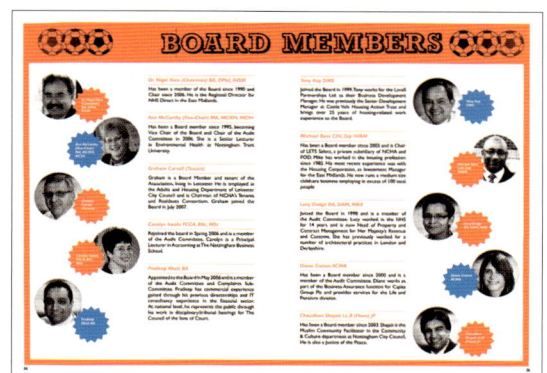

Quocientes financeiros

Quocientes financeiros são empregados para avaliar rapidamente, entre outras coisas, lucratividade, atividade, solvência e alavancagem de uma empresa, bem como o retorno que proporciona aos acionistas. São utilizados pelos investidores para fins de prognóstico e avaliação – prever o desempenho e crescimento futuro da empresa no campo das finanças, bem como avaliar comparativamente tal desempenho em relação ao de outros participantes da indústria, a fim de criar uma base comum a partir da qual fazer avaliações. Há alguns quocientes simples que captam os principais elementos do desempenho de uma empresa, constituindo um meio fácil de comunicar onde contribuições estão sendo feitas para o valor organizacional.

Eis alguns exemplos: retorno sobre o investimento (ROI), taxa de retorno (ROR), retorno sobre vendas (ROS), retorno sobre o capital empregado (ROCE), retorno sobre o capital investido (ROIC), retorno sobre o patrimônio (ROE), taxa de crescimento sustentável (SGR), relação entre custos e receitas (*cost to income ratio*) e margem de lucro líquido.

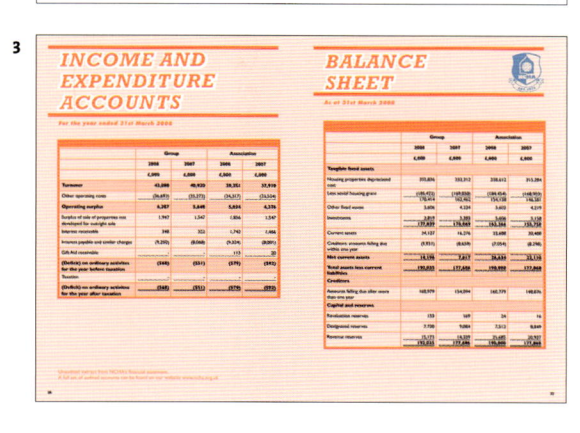

Contabilidade gerencial

A contabilidade gerencial concentra-se nas estruturas de relatório e nos sistemas de controle capazes de garantir a criação de diversos tipos de valor para os *stakeholders* (isto é, não apenas valores financeiros), bem como o emprego mais eficiente e eficaz possível dos recursos, do capital e das estruturas de informação financeira. Em termos de dados, a contabilidade gerencial inclui todas as informações úteis para a administração da empresa, sejam elas resumidas ou detalhadas.

Tabela 7: As nove funções da contabilidade gerencial

Formular estratégias
Planejar
Determinar estruturas de capital e financiamento
Informar sobre as decisões operacionais
Controlar as operações e garantir o uso eficiente dos recursos
Medir e relatar o desempenho
Salvaguardar os ativos
Implementar procedimentos de governança corporativa
Realizar gestão de risco e controle interno

Fonte: CIMA, 2005

Investimento de capital

Para gerenciar empresas, e executar projetos, é preciso gastar dinheiro – em despesas operacionais e investimentos. Tais itens são classificados como "despesa", em relação à qual é possível garantir e disponibilizar "capital". Chamamos de "ativos" aquilo que é mantido por uma empresa como capital. No contexto de uma empresa, o investimento de capital implica tomar decisões que assegurem sua sobrevivência a longo prazo. Os fundos necessários para operar a empresa costumam ser garantidos de duas formas: reunindo capital por meio do "patrimônio líquido" (vendendo uma ação na empresa ou injetando economias pessoais), ou por meio da "dívida", isto é, obtendo dinheiro mediante, por exemplo, empréstimo bancário.

Fluxos de caixa

É importante compreender e identificar os custos necessários para gerir um negócio, confeccionar um produto ou prestar um serviço, a fim de que estratégias de preço possam ser definidas e a empresa possa obter lucro – e não prejuízo. Isso implica a coleta de dados financeiros detalhados sobre produtos e serviços, bem como o registro desses dados (Dyson, 2007).

As empresas normalmente contabilizam seus custos a cada mês. Exemplos de dados coletados nesse registro incluem prestações, que indicam algo pago ao longo do tempo, e a depreciação, procedimento de alocação de custos que reconhece o declínio do valor de um ativo nas despesas de uma organização e consta da demonstração de resultado do exercício como custo. A apreciação, em contrapartida, aparece como lucro.

Tabela 7. O Chartered Institute of Management Accountants (CIMA), no Reino Unido, identifica nove funções da contabilidade gerencial, recomendando sua inclusão nos sistemas de relatórios financeiros das empresas (*página ao lado*).

A **Tabela 8** demonstra como os balanços patrimoniais servem para equilibrar a relação entre ativos (bens e direitos, coisas que possuímos) e passivos (obrigações, coisas que devemos a outros). Na operação de uma empresa, diferentes tipos de custo precisam ser contabilizados a cada mês.

A **Tabela 9** ilustra diferentes formas pelas quais os custos operacionais podem ser classificados para fins de contabilidade.

Tabela 8: O balanço dos ativos fixos (bens de capital)

Custos de classificação	Diretos (materiais e mão de obra) e indiretos (despesas, produtos de consumo)
Custos de receita	Para a gestão diária da empresa
Custos de capital	Para coisas que auxiliam na gestão da empresa
Custos indiretos/despesas gerais	Por exemplo, salários administrativos, papelaria
Custos comportamentais	Custos variáveis (como mão de obra, matérias-primas) e custos fixos (como iluminação e calefação)
Custo de bens/produtos vendidos (COGS)	Custos diretos (custos fixos e custos variáveis)

Tabela 9: Possibilidades de classificação dos custos operacionais

	Definição	Exemplos
Ativos não circulantes	Ativos fixos, para uso por mais de um ano (ou seja, de longo prazo)	Prédios, escritórios, fábricas, veículos, equipamentos, computadores, móveis
Passivos não circulantes	Ativos fixos, de longo prazo	Empréstimos a longo prazo, hipotecas, ações
Ativos circulantes	Capital de giro corrente "de curto prazo" (ou seja, ativos circulantes menos passivos circulantes)	Ações, dinheiro em caixa, haveres, bens adquiridos para venda
Passivos circulantes	Dívidas correntes "de curto prazo"	Dívidas, empréstimos bancários
Ativos tangíveis	Ativos não circulantes "físicos"	Propriedades, equipamentos, móveis
Ativos intangíveis	Ativos não circulantes "não físicos"	Nome de marca, valor de marca, patentes, confiança, fundo de comércio

Orçamentos

As empresas utilizam os orçamentos como instrumento para gerenciar os custos e fluxos de caixa dos projetos, de modo a prever o desempenho financeiro futuro da organização. Os planos orçamentários determinam se há excedente (lucro) ou déficit (prejuízo). Tipicamente, os gerentes de projeto registram todos os custos incorridos em um projeto relativamente ao orçamento alocado, a intervalos regulares durante o tempo de vida do projeto. Em caso de subutilização ou superutilização das verbas alocadas, os orçamentos ajudam a estabelecer prioridades e as adaptações necessárias para recolocar os gastos do projeto nos trilhos. Um relatório orçamentário comunica o *status* atual de um orçamento no tocante aos gastos incorridos até então.

Habitualmente, o "nível executivo" das grandes organizações tem uma boa ideia do rumo que está sendo tomado pela organização, sobretudo no que se refere à sua receita e seu nível associado de despesa. O executivo irá apurar junto aos gerentes – por exemplo, na unidade de negócios e no nível do projeto – o nível de receita e de custos que projetaram.

Há duas aproximações ao orçamento. A primeira delas é quando os gerentes são indagados sobre sua expectativa de custos – uma abordagem "de baixo para cima". A segunda é quando o executivo comunica aos gerentes o montante total que lhes será destinado para a alocação de todos os custos que preveem. Essa é uma abordagem "de cima para baixo". Em ambos os casos, muitos debates e várias iterações do orçamento proposto costumam ocorrer antes de o documento de trabalho ser acordado na íntegra.

Custos de projeto

Nas grandes organizações, os custos são gerenciados tanto em nível de centro de custo, como em nível de projeto. O nível de projeto situa-se um nível abaixo do centro de custo, e o gerente só lida com os custos e receitas incorridos nesse nível. Os custos do nível de projeto são registrados em contas gerenciais, não fazendo parte do processo de contabilidade financeira. (Não serão relacionados, por exemplo, nos relatórios anuais, a menos que sejam extremamente importantes; o mais comum é constarem nas demonstrações de resultado do exercício e nos balaços patrimoniais dos relatórios financeiros.)

Normalmente, a gerência executiva só se interessa por revisar os relatórios em um nível de centro de custo. Orçamentos e gastos financeiros, e orçamentos e gastos de projeto, são gerenciados com o auxílio de ferramentas e processos de gestão de projetos. Utilizando as estimativas de custos do projeto, os gerentes podem orçar e controlar quanto cada "projeto" ou função está custando, bem como considerar seus próprios custos e outros custos organizacionais e de infraestrutura.

No nível do projeto, os gerentes gerarão seus orçamentos alocando os custos, por exemplo, do número de pessoas que trabalham no projeto, para então introduzir esse custo no orçamento no nível do centro de custo. De fato, isso fornece ao gerente as evidências necessárias para apoiar seu pedido por determinado nível de respaldo orçamentário junto ao nível executivo. Uma vez definidos, os orçamentos podem ser utilizados para avaliar objetivos e metas de desempenho.

Tabela 10. A gestão dos fluxos de caixa, dos custos dos projetos/empresa e do desempenho financeiro futuro requer a utilização concomitante de diferentes tipos de orçamentos na organização. Três desses orçamentos, descritos abaixo, serão considerados no âmbito do "orçamento geral" da empresa.

Tabela 11. Orçamentos são planejados de modo a garantir que a despesa proposta, medida em relação à receita projetada, seja justificável do ponto de vista da empresa, como demonstrado na tabela.

Tabela 10: Tipos de orçamento

	Propósito	Inclui
Orçamento de caixa	Obtenção do saldo de caixa apropriado – com vistas à manutenção do negócio	Todos os pagamentos em espécie (fluxos de caixa) que entram e saem da organização
Orçamento operacional	Obtenção de lucros – com vistas ao crescimento da organização	Receitas, custos variáveis e fixos para auxiliar o crescimento da organização
Orçamento de capital (também chamado de orçamento de ativo)	Obtenção de uma base patrimonial adequada – com vistas a investir no sucesso de longo prazo	Ativos não circulantes/fixos (compras e vendas)

Fonte: CIMA, 2005

Tabela 11: Planejamento orçamentário

Item	Exemplos	$
Receita/faturamento mensal	Taxas, pagamentos, patrocínio	
Despesa mensal	Custo unitário, custo de vendas, despesas gerais de produção (com centros de custo)	
Custos fixos	Recursos, salários, subcontratos, aluguel de equipamento, produtos de consumo, assinaturas de periódicos, renda e impostos; iluminação e calefação; seguro; administração, vendas e despesas; despesas financeiras e legais	
Custos variáveis	Subsistência, viagens, hospitalidade, papelaria, impressão, serviços de correio, livros, equipamento, materiais; marketing, propaganda e RP	
Miscelânea		
Receita total mensal		
Margem de lucro	*Mark-up*	
Preço cobrado	Preço cobrado ao cliente pelos serviços prestados	
Receita bruta	Taxas + margem de lucro	

Previsão

Enquanto um orçamento é preparado *antes* do período que cobre, uma previsão é preparada *durante* o período que cobre. Fundamenta-se naquilo que realmente ocorreu; isto é, nas receitas reais geradas e nos custos incorridos até então durante tal período. As previsões costumam realizar-se mensalmente, sendo comparadas ao orçamento de modo a verificar o desempenho da empresa em relação a esse documento e às expectativas da alta gestão.

Custos dos projetos de design

O design é um recurso que deve ser pago pelo cliente. Compreender as expectativas do cliente ao definir o preço do trabalho a ser realizado jamais é tarefa fácil, mas há diretrizes para estabelecer um preço "justo".

Ao antecipar quanto custará a execução do projeto de um cliente, a agência de design estima os custos que serão incorridos na entrega do projeto em termos de dinheiro, tempo, pessoal, equipamento e outros recursos. Acrescenta então uma margem de lucro (*mark-up*) a esses custos e acorda ou negocia a remuneração total pelo projeto.

Um orçamento é então definido e atualizado a intervalos acordados durante o ciclo de vida do projeto, a título de "relatório de *status* do orçamento". As estimativas de custos baseiam-se nos seguintes fatores: (1) experiência anterior, (2) comparação com projetos anteriores ou com padrões do setor (p. ex., pesquisas de salários praticados no setor de design) ou (3) recomendações advindas de consultores e outros especialistas em custos de projetos.

O orçamento propriamente dito pode não ser divulgado ao cliente, apresentando-se apenas uma discriminação de como seu capital será gasto. Normalmente os clientes querem saber quanto custará um projeto e como será empregado seu dinheiro. Tais informações costumam ser comunicadas em um demonstrativo de despesas. Ademais, tendem a querer saber qual será o valor proporcionado pelo projeto à empresa cliente, já que o patrocínio ou o financiamento do projeto de design constituem um investimento do capital do cliente.

Se a agência de design tiver condições de determinar o benefício que o projeto proporcionará à empresa, poderá conduzir uma "análise de custo-benefício" e, com base nela, definir o preço de seus serviços. De um ponto de vista contábil, se um projeto é considerado "capital" em sua essência (isto é, proporciona um benefício duradouro), pode então ser capitalizado nos livros da empresa. Um dos benefícios desse enfoque é que os custos serão depreciados ao longo de muitos anos, e não incorridos no período corrente.

Para calcular as horas faturáveis de cada membro de uma equipe de design (assumindo que a maior parte do tempo desses profissionais seja gasta com projetos de clientes), divide-se seu salário por 1.500 horas. Taxas gerais de consultoria podem ser utilizadas para estimar se um trabalho poderá ser concluído de forma lucrativa: o preço do trabalho é suficiente para cobrir o tempo de design e as despesas gerais?

Diagrama 12. *Breakeven* (ponto de equilíbrio) é um termo empregado para avaliar o ponto no qual é gerado lucro – quando há retorno sobre o investimento (ROI). Os custos variáveis mais os custos fixos equivalem aos custos totais. Uma análise de ponto de equilíbrio, conforme ilustrado no Diagrama 12, indica quantas unidades precisam ser vendidas para que gerem lucro.

Diagrama 12: Analisando o ponto de equilíbrio

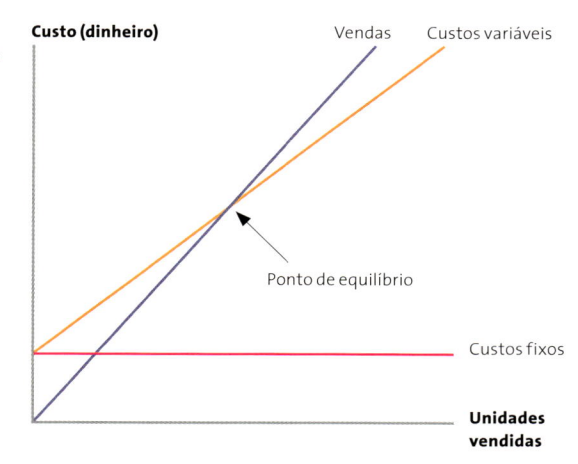

Tabela 12. Ao calcular os custos para determinar as estruturas de preços para o produto e os custos do projeto, convém não subestimar os custos que tendem a ser incorridos. A Tabela 12 identifica a discriminação dos custos incorridos na entrega do projeto.

Tabela 12: Calculando os custos para determinar as estruturas de preço

	Custos do produto	Custos do projeto	Nota
Propósito	Avaliação de ações; planejamento e controle dos custos; definição dos preços de venda	Planejamento e controle dos custos; definição de escalas de remuneração	Custos integrados *versus* custos por unidades ou partes
Custos mais relevantes	Custo unitário, despesas gerais de produção (com centros de custo)	Tempo, pessoal (salários/taxas de remuneração, equipamento, despesas gerais de produção (com centros de custo)	As pessoas podem ser remuneradas por hora ou por dia, por comissão fixa ou por adiantamento
Custo total			
Preço das vendas			Custo + *mark-up*
Margem bruta			Lucro bruto
Contribuição			Vendas – custos variáveis
Preço			
Lucro			

Medindo o desempenho

As medidas (ou métricas) de desempenho são um mecanismo interno utilizado pelas organizações para levar o desempenho a atingir (ou superar) as metas definidas. São também utilizadas para demonstrar o uso eficiente e eficaz dos orçamentos.

Metas de desempenho

O propósito de medir o desempenho consiste em aprimorar as operações internas e externas dos produtos e serviços oferecidos aos clientes. As metas de desempenho visam a incentivar o sucesso por meio do reconhecimento e da recompensa; entretanto, o modo como uma empresa mede o sucesso e aquilo que ela define como sendo "de valor" podem exercer notável influência sobre o comportamento organizacional. Tipicamente, "o que é medido, é feito".

Em uma grande organização, cada unidade de negócios, departamento ou portfólio de produto terá suas próprias metas e medidas de desempenho definidas (também conhecidas como KPIs ou indicadores-chave de desempenho), pelas quais serão responsáveis.

As medidas e metas de desempenho articulam-se com os orçamentos (para demonstrar o emprego eficiente e eficaz das finanças); com a missão e visão organizacional (para demonstrar adesão ao propósito da organização); e com as estratégias comerciais e operacionais da empresa (para demonstrar como cada unidade de negócios está definindo objetivos comerciais alinhados à estratégia corporativa). É importante ter em mente que a pressão pela consecução dessas metas pode levar a comportamentos de curto prazo e antiéticos – e não de longo prazo e sustentáveis (Resnick, 2009).

Avaliando o desempenho financeiro

Na avaliação do desempenho financeiro de produtos e clientes, é importante desenvolver abordagens adequadas para definir "boas" medidas e metas de desempenho que ajudem a impulsionar – e não solapar – o desempenho individual e das unidades de negócios, bem como, subsequentemente, a estratégia corporativa geral. Práticas desaconselháveis, como manipular números para falsear ou deturpar o cenário real, podem acontecer – por exemplo, mudando-se dados entre períodos de tempo a fim de criar uma falsa impressão de êxito (Fisher e Downes, 2009).

Na maioria das vezes isso acontece porque as métricas e metas foram impostas externamente para preencher as necessidades de organogramas hierárquicos, ainda que a equipe interna incumbida de satisfazer tais medidas não tenha obtido qualquer benefício, nem individualmente, nem operacionalmente. Ademais, as organizações tendem a medir o desempenho passado como indicador do desempenho futuro, em vez de estabelecer metas de desempenho que estimulem ações voltadas para o futuro. Como observa Likierman (2007): "As medidas precisam fornecer o contexto para decisões melhores que orientem o caminho a ser trilhado pela organização, em vez de ater-se inteira ou predominantemente no desempenho passado e na situação corrente".

Para os gestores de design, é especialmente importante conhecer – e, se necessário, inventar – meios de medir o desempenho. Quando o sucesso do design for alinhado a outros indicadores de sucesso da empresa, sua percepção como recurso valioso inevitavelmente aumentará.

Diagrama 13:
O gráfico de radar

estratégico · singularidade · necessidade do usuário · mercado · técnico · financeiro

Diagrama 13. O gráfico de radar é utilizado para traçar diferentes variáveis em um eixo e conectá-las em um "diagrama de aranha" de pontos de dados. Desse modo, diferentes critérios e medidas de desempenho podem ser comparados e avaliados uns em relação aos outros.

O ***balanced scorecard*** é uma ferramenta de gestão do desempenho destinada a equilibrar medidas de curto e longo prazo, financeiras e não financeiras. Desenvolvido por Kaplan e Norton (1996), considera as quatro perspectivas da visão e estratégia empresarial: finanças, cliente, processos internos e inovação e aprendizado.

Benchmarking é um método de avaliação por meio do qual o desempenho da empresa é comparado ao de outros concorrentes do setor em mercados similares. Seu propósito é identificar pontos de diferenciação para obtenção de vantagem competitiva e decidir corresponder ou exceder às "melhores práticas" de desempenho.

O tripé da sustentabilidade define valores e critérios para mensurar e equilibrar a sustentabilidade econômica com a sustentabilidade ambiental e social – "pessoas, planeta, lucros". Intimamente associado à RSC.

Exemplos de medidas de desempenho qualitativas e quantitativas:

Qualitativas: Estética, qualidade percebida, reputação, desenvolvimento de conhecimentos e habilidades de longo prazo, durabilidade, ergonomia, segurança, boa relação qualidade-preço, prêmios, RP/ revisões por pares, melhor imagem de marca, melhor qualidade de produtos e serviços, melhor experiência do usuário, melhor serviço e comunicação com o cliente, satisfação do cliente, consciência de marca.

Quantitativas: Lucros e perdas, receitas, fluxo de caixa, geração de caixa, custos de vendas, preços de ações, período de reembolso, tempo, retenção de clientes, reconhecimento da marca, desempenho de processos, participação/penetração de mercado, direitos autorais, patentes, redução de custos/ economia, redução do desperdício, redução de despesas gerais.

Medindo o valor do design

1

Medidas não financeiras desempenham papel especialmente importante no modo como o design é valorizado por uma organização e na forma como abordamos o valor do design. Nem tudo pode ser quantificado, e muitas vezes até os contadores precisam fazer suposições sobre valor e custo.

Como podem os gestores de design encontrar oportunidades, dentro das principais medidas financeiras e de desempenho de uma organização, para incrementar as receitas e a participação de mercado da empresa? Como e onde pode o design agregar valor e tornar-se parte da solução para as necessidades da empresa, da sociedade e do meio ambiente?

Retorno sobre o investimento

O retorno sobre o investimento (ROI) identifica o montante de lucro ou economia realizado por qualquer projeto, iniciativa ou recurso que tenha sido objeto de investimento. Habitualmente, objetivos e medidas de desempenho são vinculados ao argumento comercial de uma dada proposta, de modo que satisfazer (exceder ou não conseguir preencher) tais objetivos e medidas pode demonstrar o "retorno sobre o investimento".

O ROI costuma ser medido financeiramente, embora existam novas iniciativas que ampliam as possibilidades de mensuração – métodos muito mais simpáticos à natureza e às agendas do design, da sociedade e da sustentabilidade.

1, 2. Desde sua devastação na Segunda Guerra Mundial, Roterdã tem sido um centro de regeneração urbana e inovação arquitetônica. A área do Lloyd – antiga zona portuária ao norte do rio – está sendo transformada, ajudando a diversificar a economia da cidade ao promover as indústrias audiovisuais (*página ao lado e acima*). A Mei Architects and Planners transformou uma antiga central elétrica no espaço "Schiecentrale 25kV", que tem estúdio para produções de TV e cinema, bem como unidades de locação subsidiadas para atividades criativas incipientes. (*Fonte: Regarding Rotterdam*, 2005 [Mei Architects and Planners/ Rotterdam Development Corporation])

Exemplo 1: critérios das premiações de design

Reconhecendo o potencial do design de contribuir com as oportunidades econômicas, a inovação social e o enriquecimento cultural, o Design Management Europe Award (DME) celebra a excelência nas práticas de gestão do design.

O prêmio baseia-se em critérios de desempenho que incluem: liderança na inovação em design (definir e implementar uma visão para toda a organização); promover a mudança por meio do design (identificar mudanças significativas no seio de uma organização onde o design tenha desempenhado papel importante); excelência na coordenação do design (demonstrar capacidades, processos, habilidades e recursos); e desempenho estratégico (demonstrar o desempenho com base em objetivos e resultados – tanto tangíveis como intangíveis) (<www.designmanagementeurope.com>).

Exemplo 2: retorno sobre o investimento social

O retorno sobre o investimento social (SROI) identifica como quantificar e monetizar a criação de valor social – por exemplo, as organizações sem fins lucrativos que geram valor social. A REDF criou um sistema de SROI que identifica economias de custo e contribuições de receita diretas e demonstráveis associadas ao emprego de um indivíduo numa empresa com fins sociais.

Exemplo 3: medidas das atividades empresariais

Tais medidas incluem: acompanhamento dos resultados sociais, aumento nos níveis dos sistemas de apoio social e à autoestima, ou melhorias na estabilidade domiciliar. Sua abordagem investiga também a ideia de "investimento filantrópico" e a medida do valor a partir de três perspectivas: econômica (valor empresarial), social (valor social) e socioeconômica (combinação dos dois valores) (<www.redf.org>).

No tocante à sustentabilidade, a pesquisa de Andrew Likierman acerca dos relatórios de desempenho elaborados e divulgados pelas empresas descreve como e por que as organizações deveriam utilizar medidas mais inovadoras e prospectivas da atividade empresarial, como forma de suplementar sua propensão a relatar apenas desempenhos financeiros passados (Williams, em PARC, 2007).

Williams sugere dois conceitos fundamentais para melhorar as atuais medidas de desempenho organizacional: sustentabilidade (a capacidade da organização de sustentar seu modelo de negócios vigente) e resiliência (a capacidade de reinventar seu modelo de negócios à medida que mudam as circunstâncias), ambos os quais "procuram olhar além das medidas do sucesso de ontem e centrar-se mais na capacidade da organização de adaptar-se àquilo que a tornará bem-sucedida no futuro" (PARC, 2007).

Esse enfoque está muito mais em sintonia com a capacidade dos métodos e processos de design de descobrir e comunicar necessidades futuras – das pessoas, da sociedade e das empresas.

3. O Stroom é parte da Schiecentrale, "o coração pulsante" da indústria audiovisual e cinematográfica de Roterdã. Trata-se de um bar, *lounge*, cozinha e hotel criado como plataforma para jovens empreendedores de novas empresas de mídia. Os interiores foram transformados pela Star Design e o teto alto e os amplos espaços públicos possibilitaram renovar a aparência e a sensação da desativada central elétrica em conformidade com o conceito de design do hotel Stroom.

Phelophepa Healthcare Train: proporcionando valor

estudo de caso

Há muitas maneiras diferentes de pensar o modo como as empresas proporcionam "valor". O Phelophepa, primeiro trem de assistência médica do mundo, presta serviços de saúde baratos, acessíveis e essenciais a comunidades rurais da África do Sul desde 1994. O "milagroso trem da saúde", como é conhecido, oferece cuidados médicos primários diretamente para populações pobres e desamparadas residentes em zonas remotas que, do contrário, não teriam acesso à assistência médica. O trem disponibiliza serviços a bordo e, fundamentalmente, programas comunitários de educação em saúde destinados a estimular indivíduos e comunidades a cuidar da própria saúde.

Oferta de assistência à saúde

O trem da saúde visa a prestar serviços de assistência médica especialmente para as comunidades carentes e mais necessitadas de cuidados básicos de saúde. Cada etapa do processo de prestação do serviço é pautada pelos valores da integridade, da dignidade humana e do crescimento econômico sustentável. Profissionais de muitas diferentes instituições aprendem uns com os outros a trabalhar em equipe para oferecer serviços oftalmológicos e dentários, exames de raios X, orientação psicológica, farmácia e assistência médica. Além disso, são oferecidos também triagem de câncer, testes de diabetes, tuberculose e visão com fornecimento de óculos. Sem falar nos serviços de educação em saúde (*"edu-care"*), objetivo primordial do Phelophepa, cujo intuito é conscientizar as pessoas sobre a importância de zelar pela própria saúde.

Negócios e finanças

A Transnet, grupo de transporte e logística, financia o trem privadamente como "empresa em desenvolvimento". Tendo firmado compromisso com a responsabilidade social como parte de seu negócio, a empresa instituiu a Transnet Foundation – divisão de responsabilidade social do Transnet Group – e estabeleceu cinco portfólios de RSC cujo principal objetivo é implementar projetos de desenvolvimento socioeconômico. Os portfólios são: educação, saúde, esporte, arte e cultura e assistência "conteinerizada". O "programa de assistência conteinerizada" é a solução criativa da Transnet Foundation para lidar com a escassez de infraestrutura e prestação de serviços das comunidades rurais. O programa inovou ao utilizar vagões de carga velhos ou danificados, os quais são consertados e customizados de modo a viabilizar a prestação de serviços sociais, bem como preencher as necessidades de segurança e proteção das comunidades rurais.

O trem é também subsidiado por doadores filantrópicos, entre os quais as empresas Colgate e Roche, e outros patrocinadores locais, regionais e internacionais. O investimento de capital da Transnet gira em torno de 15 milhões de rands (cerca de US$ 1,9 milhão), com um orçamento operacional mensal de 1,2 milhão de rands (US$ 150.000), segundo estimativa de 2009. Para os serviços prestados aos usuários do trem são cobradas taxas mínimas, e alguns são oferecidos gratuitamente.

1. O nome Phelophepa vem de uma combinação de Setswana e Sesotho, traduzidas como "boa saúde". O trem mede 360 metros de extensão; a bordo dos vagões, equipados com o que há de mais moderno em tecnologia médica, 19 funcionários regulares e 36 residentes de medicina trabalham juntos e trocam conhecimentos para atender a mais de 180 mil pessoas por ano.

1

Segundo a Transnet, "a pauta empresarial de nossos programas de responsabilidade social é voltada para o desenvolvimento, mas os processos organizacionais são alinhados aos da Transnet, uma empresa que se orgulha de seguir boas práticas de governança corporativa". Com efeito, a Transnet examina cada programa potencial e corrente em termos de sustentabilidade e do impacto produzido – como investimento social e financeiro, mas também como instrumento para gerar oportunidades de crescimento tanto da empresa como da economia sul-africana.

estudo de caso

2, 3. Ao chegar, os pacientes são acolhidos em uma "área de espera", onde se inscrevem para ter acesso aos serviços oferecidos (2). Após a inscrição, são direcionados à clínica adequada à sua necessidade, seja ela dentária, médica ou oftalmológica (3).

Design e marketing

O engenhoso design do Phelophepa garante a eletricidade durante os cinco dias em que permanece estacionado nas paradas: o abastecimento de energia elétrica é vital para a prestação dos serviços dentário e médico.

A iniciativa, que começou com apenas três vagões, agora compreende 16 compartimentos inteiramente equipados com ambulatórios, cubículos e outros aparelhos de comunicação.

Os funcionários e os residentes têm acesso a telefones de cartão, telefones convencionais, máquinas de fax, Internet e ainda a uma cozinha com capacidade para preparar 220 refeições diárias.

Os jornais e as estações de rádio locais ajudam a divulgar o trem veiculando anúncios a preços simbólicos. Os gerentes de marketing do Phelophepa selecionam pessoas das áreas rurais para fazer a ponte entre os pacientes e os profissionais a bordo. As equipes viajam anualmente de janeiro a setembro, seguindo um itinerário programado. O trem permanece em cada localidade durante uma semana, só retornando a uma comunidade já visitada depois de dois anos.

4. A equipe de profissionais da saúde – enfermeiras, dentistas, optometristas, farmacêuticos, especialistas em educação clínica, psicólogos e residentes de medicina – atendeu mais de meio milhão de pacientes nos últimos 14 anos.

4

perspectivas contextuais

Philip Goad
IDEO

A IDEO é uma consultoria global de design que produz impacto por meio do design. Especializada em fatores humanos, psicologia, negócios, design, engenharia e produção, a IDEO oferece serviços completos de consultoria em inovação e design de produto.

Medindo o desempenho: utilizando o design thinking para descobrir e realizar as necessidades das pessoas

"As empresas e organizações de hoje dispõem de informações sobre os consumidores como nunca antes; suas marcas se expressam em termos de centralidade no cliente e seus serviços professam ser altamente personalizados. Na maioria das vezes, porém, a realidade não é bem assim. Por quê?

Em nossa experiência, o problema frequentemente é de perspectiva: muitas organizações veem as pessoas simplesmente como 'clientes' ou 'consumidores' de determinados produtos ou serviços. Na tentativa de compreender o mercado, seus consumidores e as tendências atuais, elas costumam encomendar grandes quantidades de pesquisas e informações de mercado. Mas, apesar de valiosos, esses dados podem fazer com que as organizações se tornem inflexíveis e se fixem no mundo tal como é, em vez visualizar como poderia ser. De fato, é como reduzir a velocidade numa autoestrada enquanto se olha o retrovisor.

As empresas podem deixar de avaliar com precisão quão complexa e matizada é a realidade: onde residem as necessidades latentes das pessoas, como podem ser satisfeitas de muitas maneiras e como os mercados podem ser impactados com produtos e serviços novos e inesperados.

É aqui que entra o design thinking, uma abordagem à inovação centrada no fator humano. O design thinking parte da compreensão das necessidades das pessoas no contexto em que vivem; tira proveito do pensamento lateral e da capacidade do design de converter ideias em algo tangível, a fim de trazer ao mundo produtos e serviços novos e desejáveis, garantindo ao mesmo tempo sua exequibilidade técnica e viabilidade comercial.

Quando trabalhamos com o Bank of America, passamos algum tempo tentando compreender a relação das pessoas com o dinheiro, tanto as econômicas quanto as perdulárias. Em vez de organizar discussões de grupo ou relatórios de estudos, visitamos esses indivíduos em suas casas e descobrimos que muitos deles relutavam ou consideravam difícil fazer poupança, já que economizar pode ser menos natural ou aprazível que gastar. Curiosamente, porém, tendiam a pensar no dinheiro como valores redondos, deixando de considerar o dinheiro miúdo, o trocado. Algumas das pessoas com quem conversamos inclusive tiravam proveito disso: guardando em algum vaso ou pote os trocados que sobravam na carteira, encontraram uma maneira menos dolorosa de economizar.

Essa compreensão simples mas crucial sobre o comportamento de economia de uma pessoa foi utilizada na concepção de um novo tipo de conta bancária que permitisse às pessoas 'guardar o troco' toda vez que comprassem alguma coisa. Assim, as compras feitas com o cartão de débito do banco eram automaticamente arredondadas para cima até o valor mais próximo, e a diferença era transferida da conta-corrente do cliente para sua caderneta de poupança, onde renderia juros e receberia correção monetária.

A nova conta resultou num tremendo sucesso, criando um novo grupo de poupadores regulares, basicamente porque as pessoas já não precisavam escolher entre economizar ou comprar coisas. O resultado comercial fala por si próprio. Decorrido um ano de seu lançamento, o Keep the Change atraiu 2,5 milhões de clientes, traduzindo-se em mais de 700 mil novas contas-correntes e 1 milhão de novas cadernetas de poupança para o Bank of America. Até maio de 2008, 8 milhões de correntistas haviam aderido ao programa, acumulando aproximadamente US$ 10 bilhões em economias.

Claro que compreender melhor as pessoas pode servir como ponto de partida para pensar criativamente em como satisfazer suas necessidades, mas talvez seja difícil para as organizações afastar-se daquilo que conhecem e embarcar numa ideia que percebem como arriscada, sobretudo quando ignoram que já existe um mercado pronto para tal ideia.

Philip Goad
Especialista em Fatores Humanos
IDEO, Estados Unidos

A prototipagem é uma importante ferramenta para lidar com a inércia causada pela relutância a experimentar coisas novas. Pode, desde cedo, tornar tangíveis novos produtos e serviços, ajudando decisivamente pessoas de diferentes funções a colaborar para conceber e desenvolver ideias futuras. A prototipagem é também uma ferramenta importante para obter contribuições dos usuários finais, ajudando a compreender melhor até que ponto um novo produto ou serviço será conveniente para suas vidas e como poderia ser melhorado desde cedo. Em outras palavras, a prototipagem constrói ideias e ajuda a mitigar os riscos, de modo que, quanto mais e mais cedo tornamos as coisas tangíveis, tanto melhor.

Ao trabalharmos com a TSA (Transportation Security Administration), parte do Departamento de Segurança Interna dos Estados Unidos, no desenvolvimento de uma nova experiência de segurança para os aeroportos, a prototipagem foi fundamental para nossa abordagem. Construímos uma versão em tamanho real da área de segurança em um armazém, feita a partir de materiais rudimentares, como placas de espuma sintética laminadas, obtendo *feedback* de funcionários, passageiros e autoridades governamentais e garantindo apoio para o projeto."

Thomas Lockwood
Design Management Institute

Dr. Lockwood é responsável por todos os aspectos ligados à gestão do Institute, cujo propósito é apoiar a comunidade internacional de gestão do design ajudando organizações do mundo inteiro a compreender melhor como implantar uma gestão eficaz do design com vistas ao crescimento econômico. Isso inclui definir a pauta de pesquisa, a gestão das operações e a administração de programas de membros por todo o mundo.

Medindo o valor do design: o imperativo da gestão integrada do design

"O papel do design nas empresas mudou radicalmente nos últimos anos. Com efeito, o design é agora reconhecido como um processo empresarial de vital importância e um ativo capaz de agregar significativo valor. Apesar disso, poucos são os profissionais das empresas – e, aliás, do próprio design – que sabem como gerenciar o design ou integrar os princípios do design e o design thinking à organização. Tornar-se uma organização mais voltada para o design requer síntese – uma combinação de dois ou mais elementos visando a criar algo novo.

O design é hoje reconhecido pelas empresas como um processo, tanto quanto um artefato, uma comunicação ou um ambiente. O que agora muitos chamam de 'Design 3.0' é algo essencial para o sucesso empresarial. Em todo caso, o que importa não é o que o design é, mas aquilo que *faz*. E a função do designer evoluiu da resolução de problemas simples à de problemas complexos, bem como do trabalho independente em uma disciplina específica ao trabalho colaborativo em equipes transfuncionais. Para completar, não apenas o design é essencial para o desenvolvimento de novos processos, produtos e serviços, como também pode agregar formidável valor ao 'tripé da sustentabilidade'. As áreas social, econômica e ambiental – isto é, as pessoas, os lucros e o planeta – são mais cruciais do que nunca. O valor do design é incrivelmente poderoso, versátil e abrangente, assim como o papel do gestor de design.

Na qualidade de presidente do DMI, tenho uma perspectiva 'macro' do design e da comunidade internacional de design e uma perspectiva 'micro' dos atores individuais e de seus processos. Há muitos conceitos e métodos abrangentes que precisam ser utilizados para desenvolver uma organização mais voltada para o design e possibilitar a inovação.

O segredo é criar uma estratégia e um plano de ação claros para integrar o design e os princípios do design thinking à empresa, bem como definir e dar autonomia à gestão e às lideranças de design que implementarão esse processo. Tornar-se uma organização voltada para o design constitui um desafio instigante e requer tempo, mas, com o planejamento certo e um pouco de estímulo e paciência, a coisa não é tão difícil quanto pode parecer à primeira vista.

Em primeiro lugar, tornar-se uma organização voltada para o design nada tem a ver com processos e técnicas patenteados, mas com transparência de ideias e métodos e receptividade a mudanças. O real valor do design está em descobrir e resolver toda sorte de problemas, não apenas aperfeiçoar produtos físicos.

O design pode ser visto como uma maneira de conhecer por meio do pensar e do fazer. Gosto da definição simples de design estratégico formulada por Marco Steinberg: 'o design habitual consiste em dar sentido a objetos; o design estratégico consiste em dar sentido a decisões'[1]. Isso explica o que as organizações podem conseguir quando incorporam o design a sua cultura, utilizando-o como um produto, mas também como um instrumento para a tomada de decisões. Solucionar os muitos problemas enfrentados por uma organização — eis o valor que o design agrega às empresas. O truque é determinar os problemas certos a ser resolvidos e então concentrar os esforços de design na elaboração das soluções certas.

Thomas Lockwood
Presidente, Design Management Institute (DMI), Estados Unidos

Qual a diferença entre design thinking e gestão do design? O design thinking é basicamente um processo de inovação – parte do '*fuzzy front end*' (linha de frente difusa da inovação) e um grande método para descobrir necessidades não satisfeitas e criar novas ofertas de produtos e serviços. Já a gestão do design é habitualmente mais voltada para a permanente gestão e liderança dos processos, operações, projetos e resultados do design (isto é, produtos, serviços, comunicações, ambientes e interações). A liderança de design e a estratégia de design podem ser vistas como produtos de um design thinking e uma gestão do design eficazes. A estratégia de design estabelece a direção e o caminho a ser trilhado; a liderança de design envolve integrar o design à empresa com vistas a um aperfeiçoamento e crescimento contínuos, bem como obter vantagem competitiva para a organização.

O gestor de design de hoje precisa integrar-se e colaborar lateral e transfuncionalmente para ajudar a descobrir os principais problemas e desenvovler as soluções pertinentes para os clientes e as empresas. O bom design, segundo uma excelente definição, é aquele que soluciona os problemas certos."

---

[1] Extraída dos comentários de Steinberg proferidos em conferência do Design Management Institute realizada em 2009 em Milão, Itália.

Krzyzstof Bielski
Instituto de Design Industrial

Krzyzstof Bielski é atualmente diretor do Centro do Instytut Wzornictwa Przemystowego (Instituto de Design Industrial) em Varsóvia, Polônia, e presidente do júri da competição Good Design. Mais recentemente, esteve envolvido com uma série de projetos de promoção do design, entre os quais o Gdynia Design Days, bem como com a curadoria das exposições Design for Kids e Added-Value Global Design, de Yves Béhar, na Polônia. Com formação em gestão de varejo, Krzyzstof trabalhou para marcas como SANYO, IKEA, AHOLD e Habitat, tendo experiência na introdução de novas marcas no mercado e na aquisição e gestão de linhas de produto e marcas privadas.

Medindo o valor da educação de design

"As pessoas geralmente tendem a complicar demais o que na verdade é bastante simples. De uma hora para outra, o design passou a ser visto como solução instantânea, algo pronto para ser 'acionado' quando buscamos um resultado de 100% – com as empresas e os clientes. Enquanto o mundo desenvolve descrições cada vez mais complicadas daquilo que o design pode mudar, seja nos níveis operacional, tático ou estratégico da gestão empresarial, na Polônia – como em muitos outros países membros da economia global – o papel da educação de design precisa adotar uma abordagem de múltiplos canais.

Em um ambiente altamente competitivo, onde os clientes são cada vez mais exigentes e as empresas procuram maneiras mais produtivas de operar, ainda há necessidade de um trabalho bastante elementar – por exemplo, explicar o que significam palavras como 'design' e 'design industrial'. E, por outro lado, explicar que papel o design pode desempenhar nas empresas, inclusive o papel potencial que a gestão do design pode desempenhar na consecução dos objetivos organizacionais.

Levando em conta essa situação, e o fato de o design ser associado ao luxo e à moda, concentramos nossos esforços em explicar as possíveis aplicações do design. Do ponto de vista educacional, nossa intenção é facilitar a compreensão de conceitos, áreas e processos relacionados ao design industrial, ao design de moda, ao design de embalagens, ao design de interfaces e ao design da informação – com o design de serviços e o design da interação humana abrindo caminho para novas e inovadoras aplicações do design. O papel educacional precisa ser direcionado às autoridades governamentais e municipais, bem como a um amplo espectro de empresas, quer de produtos, quer de serviços. A atual proliferação dos centros de design, das escolas de design e das instituições de design está criando uma boa plataforma e atmosfera para o trabalho orgânico que vem sendo realizado e que continua a crescer. E, é claro, todas essas atividades criam um mercado para oportunidades futuras.

"O Instituto de Design Industrial foi fundado em 1950 e, após recente revitalização, assumiu um dos principais papéis da educação de design na Polônia, por meio de um amplo leque de atividades e exposições, incluindo estudos de pós-graduação em gestão do design, oficinas e ensino a distância para designers e empresas, bem como exposições e eventos feitos sob medida para as organizações.

Krzyzstof Bielski
Diretor, Institute of Industrial Design, Polônia

Uma das principais iniciativas do Instituto é um projeto trienal financiado pela União Europeia (UE), o 'Design Your Profit', no qual, por meio de iniciativas educacionais, criamos uma plataforma para empresas e designers. As empresas aprendem como integrar o design a suas operações em diferentes níveis, e os designers adquirem uma melhor compreensão das empresas.

Outra iniciativa do Instituto, e uma oportunidade para pequenas e médias empresas, é o investimento em empreendimentos inovadores mediante à aplicação de importantes conceitos e abordagens da atualidade, particularmente na área do design. O projeto é financiado pela UE e liderado pela Agência Polonesa para o Desenvolvimento Empresarial. Tais atividades auxiliam as empresas polonesas a elevar o nível geral de sua competitividade, mas também exigem envolvimento ativo com a gestão do design, ao menos na primeira fase do projeto. Espera-se que parte dessas empresas venha a servir como ponto de referência para novas maneiras de operar a longo prazo."

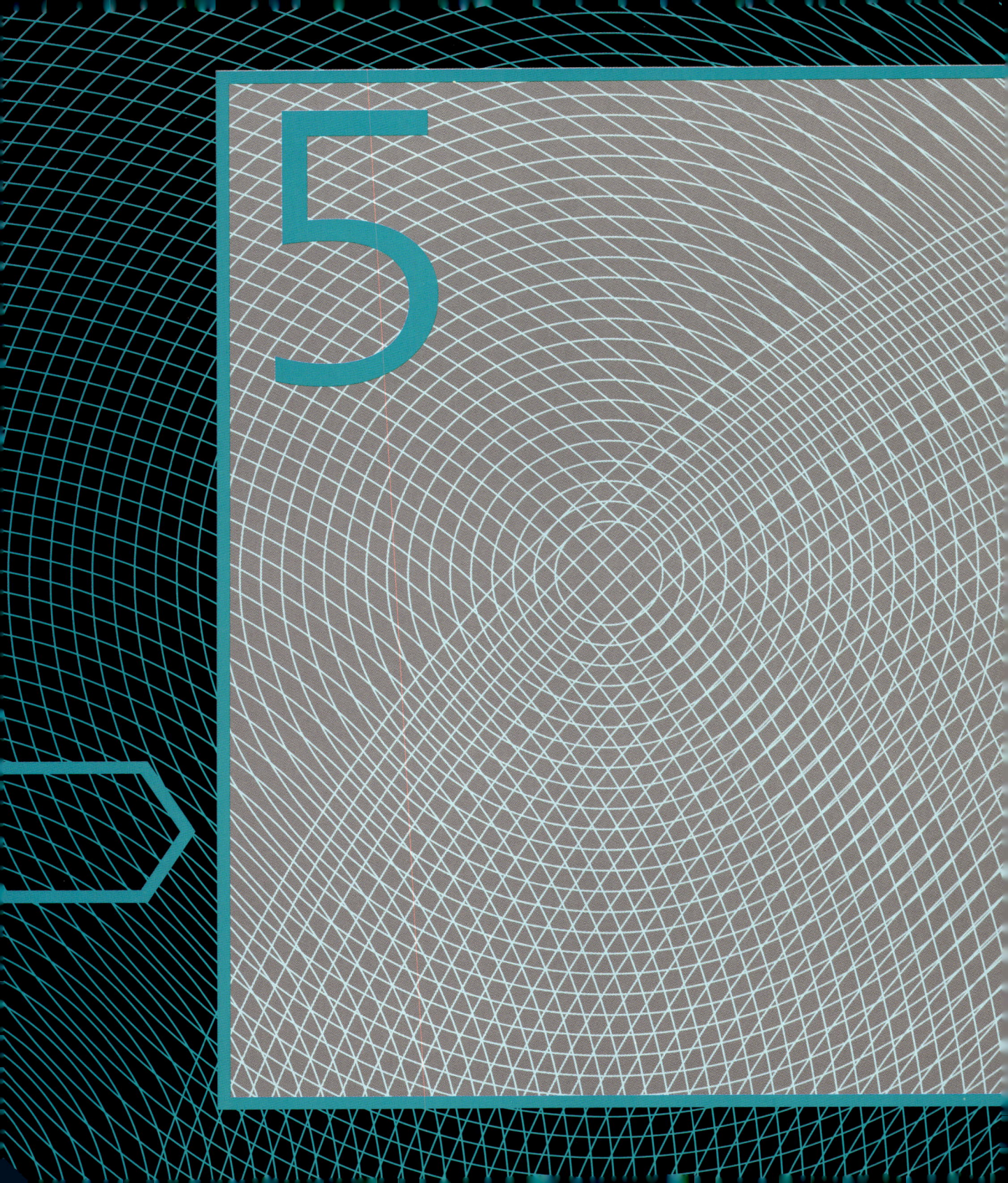

5

Marketing e comunicação de marca

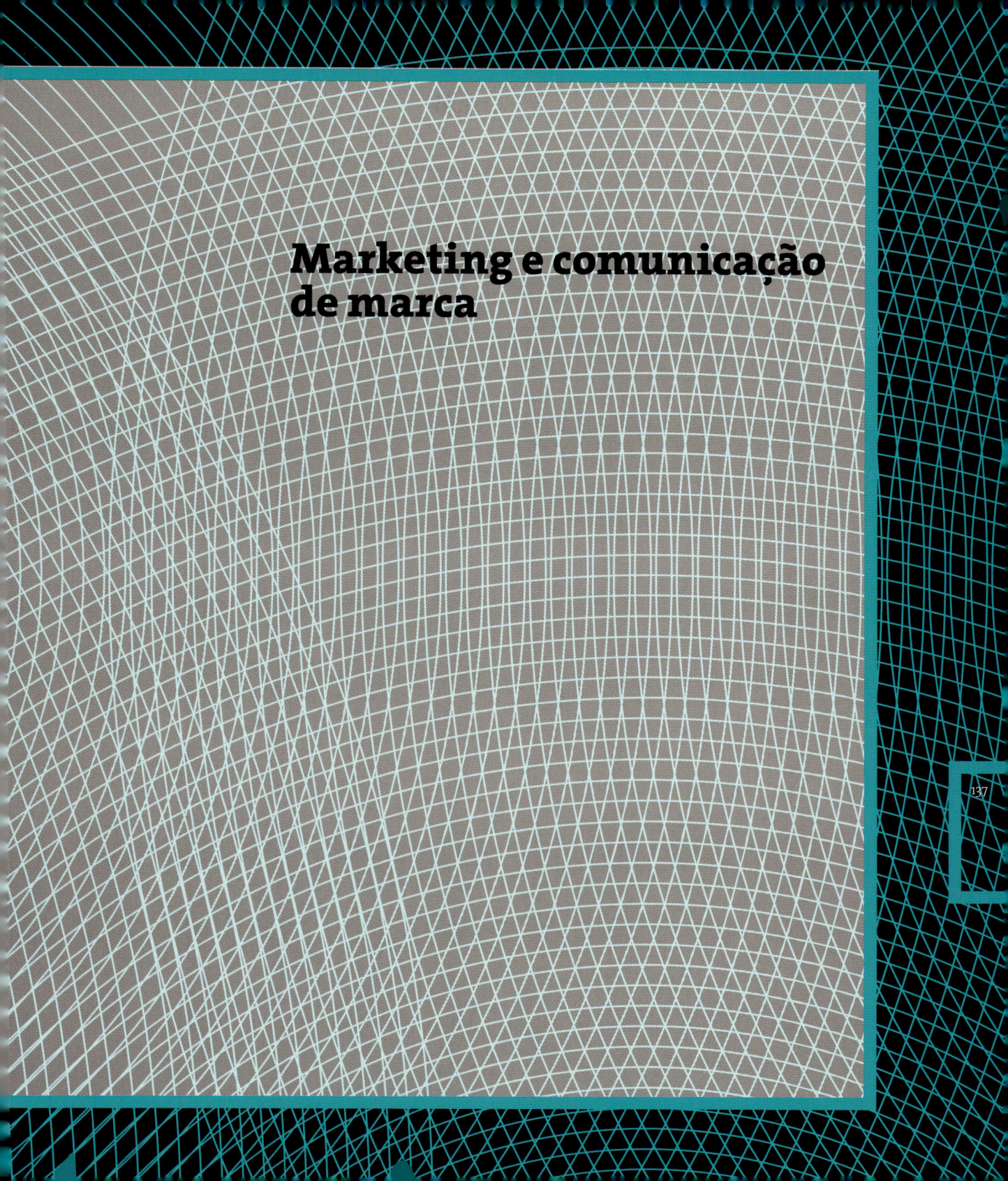

Usuários, clientes e mercados

Compreender usuários, clientes e mercados é importante para qualquer empresa que almeje construir e gerenciar relações com pessoas a fim de suprir uma necessidade, criar uma base de clientes sólida e gerar receita – e adquirir uma razão de ser.

Comportamento do consumidor

A área de comportamento do consumidor estuda o comportamento de indivíduos que adquirem, utilizam ou interagem com bens e serviços. Assim como as emoções e crenças dos indivíduos conduzem seu comportamento e suas escolhas, também os indivíduos formam crenças e vínculos emocionais com as marcas que utilizam e consomem no seu dia a dia.

A escolha por adquirir (ou não) determinado produto ou serviço pode ser afetada por fatores externos como preço, desempenho ou o ambiente em que o produto ou serviço está situado; ou por fatores internos, como aquilo que uma marca ou produto representa simbólica ou emocionalmente para cada consumidor. Prever o comportamento de consumo dos usuários é importante pela preocupação das empresas em assegurar que suas ofertas de produtos e serviços sejam desejáveis (atraentes) para o mercado-alvo, lembradas (memoráveis) e capazes de estimular padrões de compra recorrentes (lealdade).

Um modelo frequentemente utilizado na área de comportamento do consumidor é o da hierarquia de efeitos, que representa a relação entre as atitudes e as ações dos consumidores (Beatty e Kahle, 1988).

O modelo demonstra como despertar a sensibilização dos consumidores compreende diversas etapas: ignorância, conscientização, conhecimento, apreço, preferência, convicção, compra e compra repetida. Segundo Pine (1999), os consumidores compram experiências, não produtos, de modo que desenvolver na mente do consumidor uma imagem de marca que esteja alinhada a seu comportamento previsto é essencial para o sucesso das estratégias de marca/marketing.

Os contextos local, global e cultural

Empresas, marcas e organizações geralmente começam a operar em mercados "domésticos" específicos, mais tarde expandindo-se para contextos regionais e internacionais a fim de ampliar sua base de clientes, receitas e participação de mercado. Desenvolver e impulsionar exitosamente novos mercados globais impõe um exame cauteloso das diferenças culturais, visto que o que funciona em um país pode não funcionar em outro. Normalmente, ao introduzir uma empresa, marca, produto ou serviço em um novo mercado, adota-se uma abordagem diferente, que pode implicar, por exemplo, estender ou modificar marcas existentes de modo a adequá-las aos mercados nacionais, multinacionais e globais, bem como às distintas condições culturais; utilizar diferentes canais de distribuição; e identificar áreas de crescimento e nichos de mercado presentes em uma determinada região.

1. Porsche 911 Turbo Cabriolet: no mercado de carros de luxo, a percepção do consumidor é tudo. Um estudo realizado pelo Luxury Institute revelou que a marca Porsche costuma ser associada a poder, estilo, valor, elegância, confiança e respeito. Como empresa, a Porsche tem exitosamente preservado seu *status* entre as marcas de automóveis de luxo ao promover sua marca por meio de decisões de gestão e design que criam linhas e edições de produto fiéis a seus valores fundamentais e seus aficionados (Nielson Business Media Inc., 2009). *Imagem:* © Porsche

Diagrama 14: Os cinco estágios do processo de compra do consumidor

	Graus de envolvimento	
	Menor preço	Diferenciação
Alto (Grau de diferença entre marcas)	Comportamento de compra complexo	Comportamento de compra baseado na busca de variedade
Baixo	Comportamento de compra com dissonância reduzida	Comportamento de compra habitual

Diagrama 14. Philip Kotler (2007) identificou cinco estágios no processo de compra do consumidor. Primeiro, reconhecimento do problema/necessidade (estimulado, por exemplo, por uma carência ou desejo); segundo, busca de informações (como pesquisa, consulta a amigos, visita a lojas, leitura de análises e críticas); terceiro, avaliação de alternativas (comparação de opções); quarto, decisão de compra (influenciada por fatores como idade, fase da vida, amigos e colegas); e, finalmente, comportamento pós-compra (p. ex., ficar com o produto, usá-lo, devolvê-lo, jogá-lo fora).

Compreender as diferenças e particularidades de cada cultura ajuda os gerentes e profissionais de marketing a tomar decisões mais acertadas no que diz respeito à adequação de sua oferta de produtos ou serviços aos costumes, hábitos, necessidades e expectativas específicos de cada mercado.

Capon (2000) acredita que o comportamento de compra do consumidor é complexo e que os profissionais de marketing enfrentam desafios adicionais na arena internacional, como, por exemplo, "diferenças de língua, gosto e atitudes do mercado-alvo, bem como variações no controle governamental, na disponibilidade dos meios de comunicação e nas redes de distribuição locais... donde a dificuldade de determinar de antemão se produtos novos ou diferentes serão aceitos em um mercado internacional ou de além-mar".

Duas questões constituem um desafio particular para as marcas globais. Primeiro, a questão de como traduzir marcas globais em produtos e serviços local e culturalmente relevantes. O design cumpre um papel essencial ao refletir e acomodar as diferenças culturais, ao mesmo tempo em que fortalece a imagem da marca de modo culturalmente sensível. Segundo, o gestor de design precisa considerar como comunicar-se, tanto verbalmente quanto por escrito, de modo adequado às condições culturais, sociais, políticas e legais de uma dada região ou país. Por exemplo, na maioria das culturas as conversas pessoais, cara a cara, são mais propícias para criar afinidade e confiança, bem como para conduzir as negociações.

Entendendo a produção e o consumo

A web possibilitou novas formas de produzir, consumir e compartilhar bens, serviços, ideias e interesses, bem como levou à criação de novos modelos de negócios e meios de lidar com as crescentes preocupações ambientais.

A economia da abundância

Os tradicionais modelos econômicos baseiam-se tipicamente em fatores como escassez e limitação de recursos, oferta e demanda e conquista de mercados maciços de clientes-alvo por meios de comunicação de massa. Por outro lado, novos modelos econômicos e de negócios baseados na variedade e na abundância, e não na escassez de recursos, estão surgindo para transformar a relação cliente/fornecedor.

O conceito de "Cauda Longa", formulado por Chris Anderson, baseia-se na ideia de abundância e na noção de que a disponibilidade de escolhas infinitas proporcionadas pela Internet está criando uma demanda ilimitada. "É a capacidade da Internet de alcançar mercados específicos que está criando grandes oportunidades… Hoje, a demanda acompanha a oferta: o ato de ampliar vastamente as escolhas parece desencadear a demanda por essas escolhas." Além disso, com a queda dos custos de distribuição, os mercados específicos passaram a ser viáveis: "os consumidores estão encontrando produtos específicos e produtos específicos estão encontrando os consumidores" (Anderson, 2006). O resultado concreto de dar fórum a "nichos de interesses" é que "todos os nichos, quando agregados, podem constituir um mercado significativo", e estão "se reunindo em uma rede global, estimulando a inovação numa escala sem precedentes" (Anderson, 2006).

Inovação em massa

As pessoas em geral e os consumidores em particular estão cada vez mais empenhados em construir e dialogar com as marcas, na qualidade de "cocriadores" da experiência de marca. A expressão "We-Think" (nós pensamos), cunhada por Charles Leadbeater, descreve como estamos evoluindo de um mundo de produção em massa para outro de inovação e de participação em massa, em que a criatividade colaborativa e o poder compartilhado (distribuído) da Internet permitem que as pessoas trabalhem juntas de forma mais democrática, producente e criativa, além de tornarem a sociedade mais aberta e igualitária.

Colaboração em massa

Segundo Tapscott e Williams (2007), há uma crescente tendência de reinvenção da Internet como "a primeira plataforma do mundo para a colaboração global". Os autores acreditam que "as empresas estão começando a conceber, projetar, desenvolver e distribuir produtos e serviços de maneiras profundamente novas" – por exemplo, por meio de conteúdos gerados pelos usuários (como o YouTube), redes sociais (Facebook), modelos de colaboração em massa baseados em comunidades de produção por pares que inovam juntas (Wikipédia) e movimentos globais (p. ex., combate ao aquecimento global). Leadbeater (2008) prevê que, no futuro, o bem-estar dependerá menos do que possuímos e consumimos e mais do que podemos compartilhar com outras pessoas e criar conjuntamente – uma tendência motivada por preocupações ambientais do presente.

1, 2. Park Hotel, Nova Déli, Índia. Embora o design de cada um dos hotéis da rede seja diferente, há um estilo facilmente identificável com o Park, a começar pelo ousado uso da cor – em sintonia com as tradições culturais da Índia. Em segundo lugar, pelo envolvimento de artistas e artesãos locais com o desenvolvimento de aspectos customizados e artesanais, bem como pelo aproveitamento das economias, talentos e habilidades locais. Terceiro, pelo patente desejo da cadeia de estar na vanguarda da moda indiana, evidenciado pelos uniformes dos funcionários e pelos ambientes de bar e *lounge* encomendados a designers e músicos indianos.

Pensamento enxuto

O pensamento enxuto (*lean thinking*) lida com o desafio de determinar "como fazer mais com menos" e, ao mesmo tempo, aproximar-se cada vez mais de "oferecer aos clientes exatamente aquilo que desejam" (Womack e Jones, 2003). Substitui a busca da eficiência (tipicamente eliminando, reduzindo, reestruturando e cortando custos) pela busca da geração de valor (criando um trabalho novo, de valor novo, por meios novos). Se os resíduos ou dejetos (desperdício) são um subproduto dos métodos e processos de manufatura, as organizações tentam encontrar maneiras de minimizar o prejuízo ambiental (como os eflúvios ou as emissões) ou converter o desperdício em "valor", isto é, em algo pelo qual os clientes estejam dispostos a pagar.

O pensamento enxuto articula-se em torno de cinco princípios fundamentais, formulados por Womack e Jones, 2003. Primeiro, definir o *valor para o cliente*, isto é, um produto, serviço ou capacidade organizacional que satisfaça as necessidades, desejos, exigências e expectativas do cliente no momento certo, no lugar certo e pelo preço certo.

Segundo, definir a *cadeia de valor* de cada produto – um conjunto de tarefas ou passos específicos necessários para levar o produto ou serviço até o mercado, considerando (1) quais passos criam o maior valor e (2) se passos "inúteis" podem ser eliminados.

Terceiro, considerar o fluxo do valor em termos da estrutura organizacional e se as tarefas e atividades existentes agrupadas em funções ou departamentos podem ser reagrupadas de maneira eficiente e produtiva em processos e atividades que gerem valor.

Quarto, definir como e onde os clientes podem "puxar" valor da organização, conforme sua necessidade (produção "puxada" de acordo com a demanda do cliente).

E, por último, buscar a *perfeição* e a *excelência*, com todos os interessados (fornecedores, fabricantes, distribuidores e empregados) colaborando para fazer chegar o produto ou serviço até o consumidor.

3. A Porsche fabrica o Cayenne, um utilitário esportivo com cinco assentos, desde 2002. Trata-se de uma jogada estratégica para ampliar a linha da marca e também explorar segmentos inteiramente novos de clientes em mercados internacionais. O lançamento de uma versão "verde" (ecologicamente correta) do Cayenne, o Cayenne Diesel, em 2009, simbolizava a um só tempo o futuro e a tradição do Porsche – desempenho dinâmico e economia superior (Nielson Business Media Inc., 2009). *Imagem:* © *Porsche*

Tabela 13. Nesta tabela vemos como a inovação passou a ser percebida como um processo criado não apenas em laboratórios de produção, engenharia e pesquisa, mas também originado em pessoas as mais diversas, nas esferas financeira, social e de serviços públicos, com seus clientes, mercados e consumidores. (*Fonte*: Leadbeater, 2006)

3

Tabela 13: Os dez hábitos da inovação em massa

Investir na capacitação generalizada para inovação nos setores público e social, bem como no comercial.	A inovação necessariamente diz respeito ao modo como os produtos são utilizados e inventados.
Sistemas educacionais (pautados pela curiosidade) concebidos para a economia da inovação, não para a economia industrial.	Os consumidores e os mercados precisam fazer parte da política de inovação tanto quanto os cientistas e os laboratórios.
Poucas barreiras à entrada tornam os mercados competitivos e a cultura criativa.	Sociedades inovadoras são boas em converter ideias em ação.
A inovação é inevitavelmente uma realização de caráter público-privado: as plataformas públicas frequentemente sentam as bases para uma grande quantidade de inovações privadas.	Sociedades inovadoras são boas em mesclar: estimulam as pessoas e as ideias a encontrar-se mutuamente e combinar-se de modo criativo.
Sociedades nas quais a inovação é maciça estimulam a desafiar e testar ideias.	A inovação precisa ser central à história com que uma nação se apresenta.

Fonte: NESTA Provocation 01, November 2006

Marketing

O marketing é um processo que considera e gerencia o modo como as organizações geram valor para o cliente: como identificam, antecipam e satisfazem lucrativamente os desejos e as necessidades dos clientes mediante ofertas desejáveis de bens, serviços e experiências.

O processo de marketing

O papel do marketing em uma grande organização consiste em compreender quais os desejos e necessidades dos clientes – uma solução para um problema ou uma resposta a uma oportunidade de mercado.

A ideia é criar proposições de valor alinhadas às estratégias corporativas e comerciais da organização, bem como a seu mercado-alvo de consumidores, às condições ambientais e a seu posicionamento em relação às ofertas da concorrência.

Os especialistas em marketing interagem com os consumidores de muitas maneiras diferentes, a fim de desenvolver uma estratégia e um plano de negócios nos quais será determinado como a "estratégia de marketing" e o "plano de marketing" apoiarão as metas da organização e os objetivos de cada unidade de negócios (p. ex., metas e objetivos específicos para linhas de produtos ou serviços).

Segundo Silbiger (1999), o processo de desenvolvimento de uma estratégia mercadológica compreende sete etapas: análise do consumidor (segmentar os mercados e consumidores visados em conformidade com suas necessidades, desejos e comportamentos); análise de mercado (revisar o tamanho do mercado, as tendências de mercado e o ambiente competitivo); análise competitiva (revisar a concorrência, ponto[s] de diferenciação, competências essenciais, pontos fortes e fracos, oportunidades e ameaças); distribuição (revisar os canais e redes que dão acesso aos mercados-alvo); desenvolvimento de um marketing *mix* ou composto de marketing (elaborar um plano de ação baseado nos quatro Ps – produto, praça, promoção e preço); e, por último, economia (de preços, custos, ponto de equilíbrio e lucros gerados).

Diagrama 15: O mapa mercadológico

Alta qualidade

Lacuna de mercado gerada por uma crescente preocupação com a alimentação saudável e pela redução do tempo dos intervalos de almoço devido à recessão econômica, com pessoas comendo inclusive em suas mesas de trabalho.

Restaurantes

Para comer no local ▬▬▬▬▬▬▬▬▬▬▬▬▬▬▬▬▬▬▬▬▬▬▬▬▬▬ Para levar

Pubs

Alimentos pré-embalados de supermercado
Cadeias de *fast-food*

Baixa qualidade

Diagrama 15. Novas oportunidades de mercado: o mapa de marketing mostra o mercado de comidas/bebidas para almoço do Reino Unido na década de 1980, identificando o que à época constituía uma lacuna de mercado não satisfeita, criada por uma crescente tendência de preocupação com a saúde e jornadas mais longas de trabalho. (*Fonte:* Bragg e Bragg, 2005)

Pesquisa de mercado

O processo de pesquisa de mercado começa pela identificação e definição de um problema, seguido por um processo de investigação (como visitar lugares e conversar com pessoas), coleta de dados (conduzir pesquisas) e interpretação (realizar análises estatísticas e de consumo). Os resultados costumam ser interpretados em um produto apresentável, como um relatório de pesquisa de mercado.

Uma vez avaliadas essas evidências, é formulado um plano de marketing que identifica a lacuna no mercado; o segmento de mercado e o público-alvo; os objetivos e metas; e o plano de ação para a oferta do produto ou serviço – onde colocá-lo (local), como promovê-lo (mediante campanhas de RP ou publicidade) e quanto cobrar por ele (preço).

Segmentação de mercado

Para facilitar a definição de públicos-alvo e direcionar adequadamente os esforços de marketing, os mercados são divididos em "segmentos" – isto é, em grupos de pessoas com comportamentos, atitudes, crenças, personalidades ou necessidades semelhantes. Caberá ao especialista em marketing determinar como a oferta de produto e serviço de uma dada organização poderá chegar ao cliente com o perfil visado, bem como considerar se a estratégia e o plano de marketing necessitam ser adaptados a fim de alcançar cada segmento.

Os mercados também podem ser classificados de acordo com os seguintes fatores: geográfico (baseado na localização); demográfico (baseado na suposição de que pessoas que vivem nos mesmos bairros e comunidades terão hábitos e padrões de comportamento similares); psicogeográfico (baseado nas motivações por trás das decisões de compra das pessoas); informações sobre estilo de vida (baseadas em fatores como idade/fase da vida ou hábitos de leitura de jornais). O Mosaic, por exemplo, é um sistema de segmentação geodemográfica que classifica as pessoas em 60 "comunidades" com formação, experiências, interesses e recursos semelhantes (www.experian.com>).

Posicionamento de mercado

O posicionamento competitivo e o posicionamento do produto são aspectos importantes das decisões mercadológicas e especialmente relevantes para os gestores de design. Dado o papel-chave que desempenha na diferenciação de um produto ou serviço, o design constitui uma fonte essencial de vantagem competitiva. O posicionamento de um novo produto ou serviço principia com (1) um exame da estratégia global da organização, seguido por (2) uma "auditoria" do portfólio de produtos ou serviços junto à organização e, externamente, no contexto competitivo mais amplo. Existe uma necessidade ou nicho não satisfeito no mercado? Como deveria ser posicionada a oferta de modo a atrair os mercados visados? Qual a proposição de valor para o cliente? Havendo grande quantidade de ofertas concorrentes, será realmente necessária a nova oferta – aos olhos do consumidor? A auditoria inclui ainda uma revisão das atitudes e comportamentos dos clientes atuais, bem como de sua relação com a empresa e seu conjunto de produtos e serviços.

Diagrama 16: A Matriz BCG Boston

	Pequena	Grande
Alto	**Criança-problema:** Produtos com pequena participação no mercado de alto crescimento, que tendem a absorver investimento e recursos enquanto geram lucros modestos.	**Estrela:** Produtos com grande participação no mercado de alto crescimento, que tendem a absorver investimento e recursos enquanto geram lucros vultosos.
Baixo	**Abacaxi:** Produtos com pequena participação em mercados de baixo crescimento, estáticos ou em declínio, que tendem a absorver investimento e recursos sem gerar lucros.	**Vacas leiteiras:** Produtos com grande participação no mercado de baixo crescimento. Proporcionam o principal retorno financeiro e devem ser revisados regularmente para garantir sua contínua lucratividade.

Crescimento de mercado (eixo vertical) / **Participação de mercado** (eixo horizontal)

Diagrama 17: A Matriz de Crescimento de Ansoff

	Existentes	Novos
Novos	**Desenvolvimento de mercado** Expansão do mercado mediante, por exemplo, ingresso em novos mercados com produtos existentes.	**Diversificação** Diversidade para além dos mercados, linhas de produtos e atividades centrais (alto risco).
Existentes	**Penetração de mercado** Participação ou crescimento ampliados mediante, por exemplo, publicidade ou redução de preços.	**Desenvolvimento de produtos** Substituição dos produtos existentes em um mercado existente por produtos novos ou adaptados.

Mercados (eixo vertical) / **Produtos** (eixo horizontal)

Diagrama 16. A matriz de portfólio de produtos e unidades de negócios do Boston Consulting Group ("Matriz BCG") é utilizada no planejamento do portfólio de produtos de modo a mapear a relação entre a participação de mercado de uma empresa (relativamente à concorrência) e o crescimento do mercado. Lida com os diversos produtos ou serviços que compõem o portfólio da organização e os diferentes papéis desempenhados por cada um – garantindo que a empresa equilibre seu *mix* de produtos e planeje com vistas a um fluxo de caixa de curto prazo e à sobrevivência a longo prazo.

Diagrama 17. A Matriz de Crescimento de Ansoff é utilizada para o planejamento estratégico de meios alternativos para desenvolver as unidades de negócios da empresa. Mapeia produtos existentes e novos em relação a mercados existentes e novos, bem como permite compreender melhor como uma organização pode incrementar a receita de suas vendas mediante a criação de novos mercados, produtos e serviços.

Comunicações de marketing

A comunicação de marketing diz respeito ao modo como o "mix de marketing" – preço, ponto de venda, posicionamento e desenvolvimento efetivo de produtos e serviços – é gerado e promovido para públicos-alvo, de uma maneira correta e conveniente para a marca.

A mensagem de marketing

A comunicação de marketing (MarCom) é também referida como comunicação integrada de marketing. Trata-se do modo como a mídia e as mensagens relacionadas à marca ou empresa podem chegar ao público-alvo de uma forma mais relevante para esse público. Essa "mensagem de marketing" precisa ser integrada de modo coerente entre todos os canais de comunicação possíveis (p. ex., utilizada para alcançar clientes visados e promover a marca), de modo a evitar inconsistências e ambiguidades – que poderiam prejudicar a marca.

As mensagens podem ser geradas por meio de diferentes canais de comunicação – como propaganda, relações públicas (RP), mala direta – numa campanha integrada. No universo da publicidade, o termo comunicação "acima da linha" refere-se ao uso de meios de comunicação de massa como a televisão, o rádio e o jornal, ao passo que "abaixo da linha" refere-se a outros canais que não os de comunicação, como mala direta, relações públicas, promoção de vendas e e-mails direcionados. Outras oportunidades de mensagem de marketing incluem: embalagens, patrocínios, exposições e feiras de negócios, *merchandising*, promoções em ponto de venda varejista e campanhas pela Internet. A escolha dos canais de marketing e distribuição utilizados para alcançar os clientes irá influenciar o preço cobrado e, em última análise, os lucros gerados.

O mix de marketing

O mix de marketing consiste no "grupo particular de variáveis oferecidas ao mercado em um dado período" (Cole, 1996). Refere-se especificamente ao modo particular como são tomadas as decisões acerca dos quatro Ps: produto, preço, praça e promoção. No marketing de serviços, esses quatro Ps podem ser acrescidos de outros três, de modo a considerar as pessoas, os processos e as provas físicas do serviço oferecido.

Diagrama 18: O ciclo de vida do produto

Vendas no mercado
(vendas, volume e lucros)

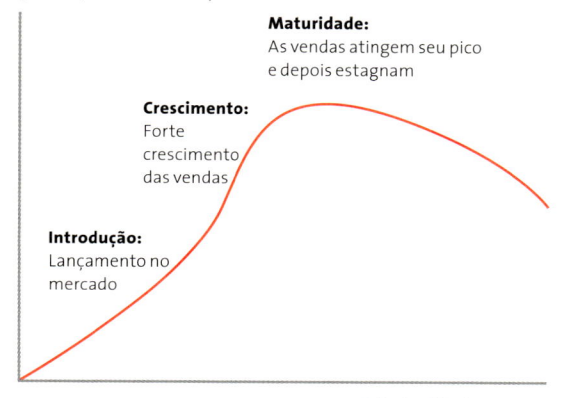

Maturidade: As vendas atingem seu pico e depois estagnam

Crescimento: Forte crescimento das vendas

Introdução: Lançamento no mercado

Declínio: Queda das vendas, viabilidade financeira questionada. Buscam-se novos mercados para produtos existentes (p. ex., globalmente) ou se considera seu redesenho ou reposicionamento.

Ciclo de vida do produto

Diagrama 18. O ciclo de vida do produto (CVP) mostra as quatro etapas da vida de um produto ou serviço. Demonstra como as vendas começam a crescer à medida que novos segmentos de mercado tomam conhecimento do produto ou serviço e passam a adquiri-lo, posteriormente amadurecendo e por fim declinando. É utilizado para antecipar reações do mercado e determinar, por exemplo, o melhor momento para lançar uma nova linha de produtos em substituição a outra existente, ou para redesenhar/reposicionar a linha em vigor.

Como parte da estratégia de marketing de uma organização, o modelo das Cinco Forças de Porter, representado no Capítulo 3 (p. 76), costuma ser utilizado para definir o contexto dos clientes, fornecedores, concorrentes e do próprio mercado, após o que podem ser tomadas decisões sobre o mix de marketing.

Produto: No que meu produto/serviço é similar ou diferente do da concorrência?

Praça: Onde será vendido? Como será distribuído?

Promoção: Como será promovido? Como despertará a atenção dos clientes-alvo, persuadindo-os e lembrando-os do produto? Será preciso contratar os serviços de uma agência de publicidade ou RP?

Preço: Quanto deve custar? Tal decisão é influenciada por fatores como custos, margens de lucro, demanda, concorrência, valor percebido para o cliente, materiais e processos de produção.

Branding

Como uma ferramenta organizacional de comunicação corporativa, as marcas conectam visível e experiencialmente os mecanismos internos que fazem operar uma organização (sua visão, seus valores e seus propósitos) ao mundo externo dos públicos, interessados, consumidores e usuários. O *branding* proporciona aos usuários a clareza necessária para diferenciar uma organização, produto ou serviço das ofertas da concorrência.

O que é uma marca?

Uma marca pode tanto aludir a uma organização em sua totalidade (p. ex., a Procter & Gamble) quanto a cada uma de suas linhas de produtos e serviços (p. ex., a linha de detergentes Fairy). A marca comunica uma "personalidade" – aquilo que significa e promete proporcionar – a públicos compostos por clientes, empregados e *stakeholders*. Segundo Wally Olins (2008), o *branding* cumpre quatro propósitos. Primeiro, é uma ferramenta de design, marketing, comunicação e recursos humanos. Segundo, deve influenciar cada parte da organização e cada um dos públicos da organização o tempo inteiro. Terceiro, consiste em um recurso de coordenação, na medida em que dá coerência às atividades corporativas. Finalmente, torna a organização visível e palpável a todos os públicos.

As marcas podem manifestar-se quer tangível, quer intangivelmente, em produtos, serviços e experiências. De modo geral, o símbolo da marca (ou logo) constitui uma "abreviatura" visível da marca que auxilia os indivíduos a identificar, diferenciar e escolher entre ofertas concorrentes.

Uma das funções mais importantes de uma marca é construir uma "imagem de marca" positiva na mente do consumidor – uma impressão duradoura que o leve a associar a marca a valores positivos como qualidade, luxo ou integridade – associações essas que resultam por criar um forte vínculo entre a pessoa e a marca.

Historicamente, as marcas constituem um símbolo de propriedade, consistência e parâmetro de qualidade. Cada vez mais, a ideia de "*branding* emocional" – o modo como as marcas podem se ligar às necessidades e desejos emocionais das pessoas – constitui um dos métodos mais consistentes para a criação de uma marca global, contanto que tais necessidades emocionais sejam "universais". As marcas operam no "território emocional dos corações e mentes das pessoas" (Olins, 2004); e "são os aspectos emocionais dos produtos e seus sistemas de distribuição que constituirão a diferença crucial entre a escolha definitiva dos consumidores e o preço que irão pagar" (Gobé, 2001).

Uma boa marca constrói confiança. Ajuda as pessoas a escolher entre ofertas concorrentes. Marcas que inspiram confiança são capazes de estimular uma forte lealdade ao atrair um público recorrente de compradores, usuários e seguidores. De fato, para algumas empresas, como a Apple, a sólida lealdade do cliente é passível de criar defensores da marca, de seus produtos e seus serviços. Ao fim e ao cabo, segundo Neumeier (2006), a marca é definida pelos indivíduos, e não por empresas, mercados ou pelo chamado público em geral – cada pessoa essencialmente cria sua própria versão da marca: "ainda que as empresas não possam controlar o processo, elas podem influenciá-lo ao comunicar as qualidades que tornam um produto diferente de outro".

1. A Uniform é uma empresa de ideias criativas – uma proeminente consultoria de marcas, design e marketing digital que não se limita a uma única disciplina ou setor. A firma constrói marcas, cria campanhas e produz resultados mediante uma abordagem integrada, fundada no firme compromisso de proporcionar resultados comerciais com muita criatividade e excelência técnica. Paixão, eficiência, inspiração, divertimento e capacidade de ouvir – eis os valores que norteiam as atividades da Uniform. A empresa dá grande valor à sua equipe, bem como ao trabalho que cria para seus clientes. Por todos os cantos da firma predomina o sentimento de "saudável fascinação por fazer as coisas sempre melhor", e para isso P&D é essencial. O ambiente de trabalho (1) é repleto de inspiração e da sensação de saber onde se está.

Criação de marca

A criação de uma marca começa pela identificação de uma "posição" ou "lacuna" no mercado, seguida pela descrição de uma proposição de valor para o consumidor que ocupe essa posição ou lacuna (oportunidade de mercado). Tal solução, normalmente uma oferta de produto, serviço ou negócio, necessita de uma identidade de marca que leve os consumidores a associá-la a essa posição e proposição (e que atraia os públicos visados). Uma consultoria de marcas ou agência de design receberá a incumbência de desenvolver a "ideia central" ou "DNA" da nova marca – um conceito que satisfaça a percepção desejada da marca.

O primeiro passo é criar um nome de marca, uma visão de marca e um conjunto de valores de marca. Qual o nome da marca? A marca tem um símbolo e um nome? O que significam?

O nome e o logotipo da marca devem ser registrados legalmente como marcas registradas, para fins de proteção. Os valores de marca comunicam a essência da marca – são palavras-chave que descrevem as qualidades da marca. A visão e os valores irão fundamentar todos os processos decisórios futuros associados à marca – dentro e fora da organização.

A declaração de posicionamento da marca reflete sua proposição de valor, isto é, a posição que ocupa no mercado. Compreende três questões: quem somos e o que fazemos (definição), o benefício para o consumidor (resultados finais) e como fazemos nosso produto de modo diferente (diferenciação) (Coomber, 2002).

Comunicação de marca

As marcas utilizam o design para expressar-se de forma tangível e experiencial. "Expressão de marca" refere-se ao ato de tornar tangíveis a visão, os valores e a promessa de uma marca, de modo que os clientes possam experimentá-la tanto física como emocionalmente.

Pontos de contato da marca

A forma pela qual as pessoas entram em contato com uma organização – por intermédio de seu logotipo, lojas de varejo, escritórios, sites e funcionários – produz uma impressão na mente do cliente. É importante que esses "pontos de contato da marca" sejam gerenciados com coerência e consistência, a fim de garantir "boas" experiências de consumo. Pontos de contato espalhados por muitos tipos diferentes de canais, mídias e plataformas aumentam as oportunidades para a construção de impressões memoráveis e duradouras nos clientes atuais e potenciais.

Wally Olins cita quatro maneiras pelas quais as marcas podem expressar sua ideia central – mediante produtos, ambientes, comunicação e comportamento – de modo a que a história da marca seja pertinente em todos os canais (Olins, 1995). Os pontos de contato com o cliente podem incluir suportes físicos (prédios, espaços de varejo, dispositivos móveis, transportadoras e plataformas, material impresso e campanhas, ponto de venda, eventos e festivais), bem como software/mídia (redes, mídia digital e ambiental, sites, campanhas publicitárias comerciais e virais, comunicações on-line e redes sociais).

A gestão de marcas implica gerenciar todos os produtos, marcas, ativos de marca e relações com fornecedores envolvidos na apresentação das marcas, de modo a maximizar o valor da marca percebido pelo cliente. O design desempenha papel crucial nesse processo, ao dar "vida" à marca por meio de diversas experiências sensoriais a ela relacionadas. Frequentemente, os princípios que regem o modo de produzir pontos de contato da marca são comunicados nas diretrizes de marca e design – documentos que especificam as regras de como (e como não) implementar as manifestações da marca.

Diretrizes de marca

Para assegurar uma expressão coerente da marca, as "diretrizes de marca" estabelecem as especificações visuais e regras formais para a utilização da marca em diferentes situações. A responsabilidade pela "guarda da marca" normalmente recai sobre o gestor de marcas de uma organização, embora também possa ser assumida por uma consultoria externa de design ou marcas, contratada para monitorar a correta implementação da marca.

As diretrizes de marca podem garantir a aplicação consistente da marca e também de sua linguagem de design em uma série de pontos de contato com o cliente. Constam nessas diretrizes o uso do símbolo ou logotipo da marca nas mídias impressa e digital; especificações de cor e fonte tipográfica; regras relativas a *co-branding*, patrocínio e franquia; e orientações de *merchandising* para espaços varejistas de marca. Trata-se de elementos especialmente úteis como documentos de *briefing* para o trabalho com agências externas e consultorias de design.

1, 2, 3. A Ping Pong foi contratada para criar a identidade de marca do BKOR, o "Departamento de Arte em Espaços Públicos de Roterdã". A cidade passava por um processo de *branding* urbano que incluía uma tentativa de "limpar" a imagem bagunçada de seus serviços públicos. Interessada no significado de "espaço público", a Ping Pong percebeu que o conceito de sinalização urbana não implica apenas seguir placas de rua, mas também memorizar detalhes e esquisitices: "O letreiro de uma lanchonete, a *sticker-art* no poste de iluminação, a etiqueta pintada sobre a parede de tijolos vermelhos, uma ponte férrea paralisada sem trilhos e um infindável desfile de detalhes e esquisitices" – tudo incorporado à identidade de marca criada pela Ping Pong. "Se você realmente abrir os olhos e olhar em torno, encontrará arte por todos os cantos." A identidade (*abaixo e à direita*) pode ser dimensionada para qualquer tamanho, desde um pôster de grandes proporções até um selo postal.

Visão, valores e marcas

Uma marca é uma promessa cumprida. Visto como um investimento, e não como despesa, o design pode ajudar a dar vida às marcas e agregar valor não apenas à experiência de consumo, mas também ao real *brand value* e *brand equity*.

Promessa de marca

Segundo Philip Kotler (2005), os "quatro Ps" (produto, ponto de venda, promoção e preço) devem ser projetados com consistência: isto é, devem ser inspirados por uma ideia clara do valor distintivo a ser proporcionado para satisfazer as necessidades de um grupo distinto de clientes de modo mais eficaz e atraente. Embora Kotler acredite que o marketing deva ser o indutor da estratégia de negócios, as decisões ainda precisarão ser tomadas em colaboração com outros papéis e funções organizacionais, de modo a *entregar* a "proposição de valor" e a "promessa de marca" para o cliente – de uma forma que corresponda ou supere suas expectativas. A promessa da marca constitui uma garantia dos valores e crenças, bem como da qualidade e do nível de confiança que o cliente deposita na organização.

Brand value e brand equity

Conforme a consultoria de marcas Interbrand, ter uma medida exata do valor de uma marca é essencial para definir a estratégia de negócios. A Interbrand realiza anualmente uma lista das melhores marcas do mundo ("Best Global Brands"), e o método de avaliação que utiliza consiste em tratar as marcas como ativos – no sentido de quanto tendem a render no futuro.

Esse método de cálculo patenteado tem três componentes fundamentais: (1) Análise Financeira (previsão das receitas atuais e futuras especificamente atribuíveis à marca), indicando os Ganhos Econômicos. (2) Papel da Análise de Marca (aferição do grau de influência da marca sobre a demanda do cliente no ponto de venda), indicando Ganhos da Marca. (3) Nível de Força da Marca (*benchmark* da capacidade da marca de garantir a demanda dos clientes – lealdade, retenção, novas compras).

O *brand equity* refere-se ao valor adicional e às associações positivas que um nome ou símbolo de marca conferiu a um produto, em comparação com produtos concorrentes ou sem marca, na mente dos consumidores. Com efeito, essas associações positivas (reconhecimento da marca) tornam mais viável transferir o *brand equity* para outras linhas de produtos ou serviços (extensão da marca). Mas, se estendido demasiadamente (p. ex., para linhas de produtos inteiramente novas), o *brand equity* pode confundir a percepção dos consumidores em relação à marca. É importante, pois, avaliar a "extensão da marca" com muita cautela.

1. A Brand Union foi contratada pela SABMiller para redesenhar a embalagem de sua cerveja Club Colombia, com vistas a uma maior participação de mercado. Um estudo de segmentação revelou a emergência de um novo conjunto de tipos de consumidor – o segmento "mais valioso" para o qual a Club Colombia poderia ser posicionada como "elegante e sofisticada", passando a competir com uísques e vinhos, bem como com as cervejas importadas.

2. O valor já estabelecido no uso do "*tunjo*" – o símbolo dourado identificado na Colômbia com tradição, proveniência e cultura – ajudou a evocar o orgulho, a excelência e o discernimento dos colombianos. A solução reposicionava a Club Colombia como a primeira marca de cerveja do país com qualidade verdadeiramente superior, além de explorar o mercado feminino, até então bastante subestimado. Após o redesign, uma nova campanha publicitária e a implantação de novas diretrizes de marca, as vendas do produto cresceram 65% mais do que no ano anterior.

Protegendo e sustentando marcas

Os atuais modelos econômicos baseiam-se na ideia de crescimento e desenvolvimento ilimitados; nesses modelos, o progresso acha-se atrelado à expansão, ao "ter mais" e à noção de que maior é melhor. Na sociedade de consumo atual, a identidade pessoal baseia-se, fundamentalmente, naquilo que o indivíduo possui, de sorte que incentivar as pessoas a afirmar sua identidade por meio de imagens associadas a determinados bens e serviços – o modo como uma imagem de marca repercute no senso de identidade e no ego do sujeito – é essencial. Marcas caras, por exemplo, são exclusivas: ainda que agradem a muitos, só são acessíveis a um número limitado de pessoas com grande poder aquisitivo ou renda disponível.

Os investimentos feitos em *branding* e design precisam ser tratados com atenção e cuidado, assim como qualquer outro ativo da organização. Formalmente, isso pode ser feito definindo-se diretrizes de marca e design, ou designando-se um "guardião" da marca para garantir sua gestão eficiente e eficaz. Legalmente, o valor da marca e quaisquer ativos de design a ela associados podem ser protegidos mediante o registro de sua propriedade intelectual.

A propriedade intelectual pode manifestar-se sob diversas formas, como patentes, que protegem os aspectos técnicos e funcionais de produtos e processos; marcas registradas, que protegem a origem de produtos e serviços; registro de design, que protege a aparência ou o apelo visual de produtos; e direitos autorais, que protegem a reprodução do trabalho "fixo" original (normalmente escrito) de um autor ou de uma empresa.

Zipcar: a visão que conduz a maior locadora de carros por hora do mundo

A Zipcar representa uma alternativa simples e rápida à propriedade veicular; um serviço que oferece aos residentes e empresas urbanos uma solução para os problemas de estacionamento, congestionamento e transporte que atormentam as cidades.

A missão da Zipcar é oferecer um novo modelo de transporte automotivo. Sua visão consiste em proporcionar acesso confiável e conveniente a um transporte complementar a outros meios de mobilidade. A inspiração original para a criação da empresa remonta a 1999, quando os fundadores, em visita a Berlim, conheceram uma alternativa ao uso do automóvel particular: a locação de veículos por hora.

Desenvolvendo o conceito, a Zipcar equipou seus carros com tecnologia, criou um sistema de reservas descomplicado e posicionou estrategicamente seus veículos em cidades e bairros considerados chave. Lançada em 2000, a Zipcar levou ao grande público a possibilidade de alugar automóveis por hora ou dia, conforme sua conveniência.

Benefícios ao cliente: consumo colaborativo

Para pessoas que não utilizam um carro regularmente, a Zipcar oferece uma alternativa mais econômica, simples e eficaz do que o aluguel convencional ou o *leasing*. A empresa arca com todos os custos e taxas de estacionamento, congestionamento, manutenção, seguro e combustível. Os membros contam com a possibilidade de reservar exatamente o carro que desejam da frota, que inclui desde híbridos a gasolina/eletricidade (como o Toyota Prius e o Honda Hybrid) até veículos sofisticados de alta tecnologia (como o Mini Cooper e o BMW).

As vantagens proporcionadas aos clientes manifestam-se em termos de conveniência, acessibilidade e economia. Cada taxa de adesão ajuda a "financiar colaborativamente" os automóveis, ao mesmo tempo em que proporciona aos associados acesso imediato à frota por uma fração do custo. Com efeito, a Zipcar está mudando a percepção das pessoas acerca da propriedade veicular: mais de 40% dos membros venderam seu automóvel ou recuaram da decisão de adquirir um veículo.

1. A Zipcar tornou o *car sharing* um serviço popular em Londres e em mais de 50 cidades dos Estados Unidos.

1

2, 3. A Zipcar forjou parcerias e relações com grandes marcas automotivas, montadoras, agências de trânsito, universidades e autoridades municipais e estaduais influentes, todas as quais contribuíram para integrar sua oferta de transporte à vida urbana. (3): após o cadastro on-line, os clientes recebem seu próprio cartão, o Zipcard, para reserva e retirada do Zipcar escolhido (2), que, ao final da utilização, deverá ser devolvido à mesma vaga do estacionamento da empresa.

Projetando a experiência do usuário

A experiência do serviço prestado pela Zipcar é projetada em torno de um determinado perfil de usuário – pessoas que vivem em cidades mas não dirigem diariamente; pessoas que, vez ou outra, necessitam de um carro, mas não pretendem adquirir um.

O CEO Scott Griffith comenta que "os serviços da Zipcar são, na verdade, uma combinação de tecnologia sem fio e automóveis disponíveis em estacionamentos espalhados pelas cidades, o que permite aos usuários ter acesso a carros 24 horas por dia, sete dias por semana, por no mínimo uma hora, sem precisar possuir um automóvel" (Merholz, 2008). O sistema, projetado para ser de fácil utilização, divertido e altamente participativo, possibilita a seus membros formar uma comunidade, interagir entre si e fornecer *feedback* em diversos pontos de contato com o cliente – Internet, SMS, *call centers*, locadoras ou os serviços sem fio dos próprios veículos.

O modelo tem por propósito tirar proveito do poder da Internet, das comunicações sem fio e das comunidades on-line. Fixado ao para-brisa de cada veículo há um leitor de identificação por radiofrequência (RFID), e cada cliente recebe um cartão plástico contendo um chip de RFID. A Zipcar pode rastrear e localizar qualquer de seus veículos por meio de torres de telefonia móvel. Em lugar do sistema GPS (sistema de posicionamento global), a empresa optou por utilizar em seus carros uma rede GPRS (serviço de rádio de pacote geral), por ser mais confiável nas grandes cidades.

A Zipcar conta com um "grupo de produto" interno inteiramente dedicado ao ciclo de vida da experiência do cliente com o serviço, desde a primeira vez em que visita o site da empresa até, por exemplo, a ocasião em que revisa a fatura do plano (Merholz, 2008). O grupo "mapeia esse ciclo e o acompanha, tentando constantemente refinar e aprimorar esse mapeamento". Cenários de usuários, tais como a experiência de reabastecer o carro ou sofrer um acidente de trânsito, são considerados questões "vivas" que acontecem. Como parte da renovação dos componentes internos dos veículos, o grupo de produto da Zipcar teve a ideia de incorporar um "copiloto": um fichário de cartões laminados tratando de possíveis questões acerca do serviço.

O grupo de produto trabalha colaborativamente com o grupo de engenharia no exame de todos os aspectos da experiência do cliente e na construção de novas ferramentas para os usuários. Tal experiência é constantemente aperfeiçoada e avaliada em todos os pontos de contato, sendo empregadas as técnicas de melhoria contínua da Toyota, expressas no conceito *kaizen* (em que qualquer empregado pode sugerir aperfeiçoamentos para melhorar os sistemas, processos e experiências dos usuários). Para solucionar o problema de rastrear os tíquetes de estacionamento dos clientes, por exemplo, a Zipcar organizou uma oficina *kaizen*, explorando o conhecimento e a *expertise* de toda a empresa. O resultado foi um bem-humorado vídeo de instruções aos clientes, disponível no site para novos usuários.

Benefícios ecológicos: sociedade e meio ambiente

Os serviços de *car sharing* são essencialmente amigáveis ao meio ambiente. Pelo fato de a Zipcar ser concebida como parte integrante do transporte urbano, seus membros tendem a utilizar os meios de transporte mais eficazes e adequados (caminhada, bicicleta, ônibus, trem, táxi ou *car sharing*) à tarefa que tencionam realizar. A possibilidade de alugar um veículo por hora ou dia alterou os padrões de comportamento das pessoas no tocante à forma como se locomovem: não raro os usuários desse sistema recorrem mais à caminhada ou à bicicleta, melhorando sua saúde e reduzindo o consumo de combustível e as emissões de poluentes. Cada Zipcar pode tirar das ruas cerca de 20 veículos particulares, diminuindo os congestionamentos e a necessidade de investir tempo e dinheiro à procura de estacionamento.

A Zipcar promove a ideia de "crescimento verde" em contraposição ao "consumo ostensivo". Trata-se de um modelo econômico baseado na locação, no compartilhamento, na colaboração e na interação, em oposição à propriedade, à individualidade e à transação (Nussbaum, 2008). O sucesso da companhia é prova de como as empresas inovadoras podem conciliar suas metas comerciais com os valores de seus clientes e comunidades.

Robert Malcolm
Consultor de design

Robert Malcolm é arquiteto e designer de interiores. Trabalhou na Foster + Associates e na Conran & Partners antes de estabelecer-se como consultor de design independente, em 2009.

Design global e gestão de marcas

"O Park Hotel Group é a principal cadeia de hotéis-butique da Índia. Sua proprietária, Priya Paul, assumiu a imensa tarefa de trazer suas propriedades hoteleiras para o século XXI, com a renovação do Park Bangalore, realizada em 2000. De lá para cá, Priya tem trabalhado em estreita colaboração com designers a fim de estabelecer um estilo indiano contemporâneo, abrindo novos horizontes com a fusão das sensibilidades tradicional e moderna indianas. A abordagem fez da marca sinônimo de juventude, diferenciando-a da concorrência.

Ainda na Conran & Partners, estive envolvido com os projetos dos hotéis de Bangalore, Nova Déli e Kolkata. Ali desenvolvemos a marca, não apenas no design dos ambientes das instalações, mas também na criação de uma nova identidade gráfica para a empresa e para cada um de seus hotéis.

O espírito da Park Hotels é traduzido, não copiado, em cada uma de suas unidades. Fundamental para isso é a visão de Priya, que permite a seus designers explorar novos territórios, criando desafios e questionando a sabedoria recebida acerca do que é e do que não é adequado para um design de hotel.

A narrativa do design de cada Park Hotel é sempre coerente e adequada ao local. Sua história não apenas enfoca o cliente e a equipe de design, como fornece ainda o gancho de RP em torno do qual o novo hotel é promovido e divulgado. Por exemplo, o Park Delhi foi projetado com base nos cinco elementos do Vastu Shastra (a versão hindu do Feng Shui): terra, ar, fogo, água e espaço.

Apesar de cada hotel ser diferente, todos compartilham um estilo Park característico. O primeiro dos atributos comuns ao design de cada Park Hotel é o ousado uso da cor, uma resposta à força do sol vivenciada no subcontinente e uma demonstração de harmonia com as tradições culturais indianas. Cores neutras e pálidas, elegantes e apropriadas no norte, parecem desbotadas e monótonas no contexto indiano. Segundo, o envolvimento de artistas e artesãos locais no desenvolvimento de obras de arte, móveis e acessórios, geralmente produzidos à mão, é um elemento fundamental do design dos hotéis da cadeia.

Esse enfoque customizado inclui decorações em gesso, ladrilhos e mosaicos, tapeçaria, objetos de vidro, escultura em madeira, trabalhos em metal, pinturas, esculturas e até vídeos. O compromisso com as economias locais, além de ser uma atitude sensata do ponto de vista comercial, fortalece as credenciais ecológicas da empresa.

Terceiro, o desejo da cadeia de estar na vanguarda da moda indiana é um elemento que diferencia a marca Park Hotel. Grandes nomes do design indiano são contratados para criar os uniformes dos funcionários, e conhecidos DJs tocam nos bares dos hotéis e ajudam a compilar a música executada nos *lobbies*.

Assim, a identidade do hotel realiza-se sob todos os aspectos, garantindo aos hóspedes e visitantes um mergulho sensorial em tudo que a marca Park tem a oferecer. Fui consultado em cada etapa do processo de design, não apenas com relação aos itens visuais, mas também acerca de elementos como culinária e música, o que ajudou a garantir que a experiência do hotel fosse completa.

Bangalore foi seguida de perto por renovações em Nova Déli, Chennai, Mumbai, Kolkata e Navi. Um hotel inteiramente novo, localizado em Hyderabad – um edifício icônico projetado pela SOM –, será a joia da coroa da Park. Cada projeto abre novos caminhos, e a marca Park reflete com precisão o rápido progresso econômico e cultural que a Índia vem experimentando."

Robert Malcolm
Consultor de design, Reino Unido

"A identidade do hotel realiza-se sob todos os aspectos, garantindo aos hóspedes e visitantes um mergulho sensorial em tudo o que a marca Park tem a oferecer."

Naoko Iida
Issey Miyake Inc.

Como profissional formada em Gestão do Design atuando na indústria da moda, Naoko Iida teve a oportunidade de testemunhar em primeira mão como os princípios de gestão do design podem ser aplicados para fortalecer a identidade de uma marca e, consequentemente, aumentar seu poder de vendas.

Visão, valores e marcas: gestão do design de moda

"A indústria internacional da moda não pode viver sem os consumidores; é essencial, portanto, não apenas oferecer os produtos certos na quantidade certa, mas também nos lugares certos e no momento certo. Para tanto, é fundamental que haja uma pesquisa de mercado abrangente e uma comunicação eficiente e eficaz com os *stakeholders* da indústria.

Na ISSEY MIYAKE INC. (IMI), sou responsável pelas operações internacionais da 'me ISSEY MIYAKE', a marca utilizada para o mercado asiático. Na Europa e nos Estados Unidos, é utilizado o nome comercial 'CAULIFLOWER', pelas dificuldades burocráticas relativas ao registro de marcas. Meu trabalho consiste em estabelecer uma ponte entre a IMI e suas subsidiárias e clientes internacionais, bem como estimular um melhor desempenho enfatizando o equilíbrio entre design e negócios em todas as marcas da empresa através do mundo.

Cada país apresenta diferentes desafios, mas a questão essencial é encontrar em cada caso a melhor solução para impulsionar as vendas e fortalecer a marca IMI. Pesquisa de mercado e comunicação são de vital importância para a consecução desse propósito: a pesquisa de mercado incorpora fatores como desenvolvimento, distribuição, promoção e preço dos produtos, bem como concorrência e tendências de consumo. A comunicação contém dois elementos fundamentais: estabelecer um contato eficiente entre as partes relevantes e articular exitosamente as mensagens profundas que a marca deseja transmitir. Outro aspecto importante de minha função é visitar cada país de tempos em tempos e inspecionar as lojas pessoalmente, a fim de compreender a situação, discutir problemas e então propor conselhos para desenvolver o negócio.

Uma preparação e uma comunicação eficazes são essenciais para vender a coleção da marca. A cada seis meses são realizadas apresentações de vendas em Tóquio, Nova York, Milão, Düsseldorf, Paris e Londres, contando com a presença de muitos compradores profissionais. Atendo a compradores da Ásia e faço apresentações da coleção para três subsidiárias norte-americanas, o que me exige compreender os mercados japoneses e estrangeiros, bem como ter pleno conhecimento da nova coleção.

Antes da etapa de venda, trabalho elaborando os documentos da coleção, programando as vendas e a remessa de amostras, marcando encontros com nossos clientes, abordando novos mercados e definindo o preço dos produtos da coleção. Para tanto, tenho reuniões com as partes envolvidas no processo, como o revendedor, a equipe de promoção, a equipe de design, o gestor de marcas, os clientes e as subsidiárias, o que destaca a importância da comunicação interdisciplinar dentro de nossa equipe. Concluídas as vendas, organizo todos os pedidos internacionais e providencio a exportação. Ademais, sempre solicito a nossas subsidiárias e clientes seu relatório de *feedback* sobre a coleção, que posteriormente compartilho com a equipe da IMI, a fim de aprimorar os negócios futuros.

No que diz respeito ao visual das lojas, é imprescindível projetar um ambiente capaz de atrair as pessoas instantaneamente. A cada mês, envio a nossos clientes um planograma visual que segue os mesmos padrões adotados no Japão, de modo a criar uma identidade de marca unificada. Cada loja segue esse planograma por pelo menos quatro dias a partir de seu lançamento mensal, após o que confeccionam seu próprio 'chão de loja', que deve basear-se no princípio de layout da marca IMI, em conformidade com a situação de seu estoque ou plano de vendas. A sensação de marca unificada reflete-se no layout da IMI comum a cada loja, mas aspectos como promoções de vendas, uniformes dos funcionários e estilo de atendimento ao cliente também contribuem para a atmosfera e aparência de cada estabelecimento.

Naoko Iida
Issey Miyake Inc.,
Departamento de
Operações Internacionais

Procuro sempre, com muita cautela, fazer avançarem as comunicações entre a IMI e as outras partes. O importante é pesquisar e compreender quando, onde e como os consumidores desejam comprar, para então proporcionar o melhor ambiente possível para satisfazer suas necessidades e, assim, aumentar as vendas e a participação de mercado da empresa. O equilíbrio entre o design (o poder de criação da marca) e os negócios (a compreensão do mercado consumidor) é particularmente importante. Uma comunicação eficiente ajuda a compreender melhor a situação, bem como estabelece boas relações com os clientes, as subsidiárias e os *stakeholders* ligados à marca."

Audrey Arbeeny
Audiobrain

A Audiobrain é uma empresa especializada no desenvolvimento de marcas sonoras, ou *sonic branding*. Como produtora executiva da companhia, Audrey Arbeeny realizou o sonho de aliar seu amor pela música a habilidades comprovadas nos negócios. Audrey supervisiona os projetos da Audiobrain do começo ao fim, coordenando logística, recursos e talentos. Supervisiona também as pesquisas da empresa nas áreas de psicoacústica e biomusicologia.

Comunicações de marketing: o poder da música e do som

"Embora muitos designers priorizem a estética visual, também os outros sentidos desempenham funções poderosas e vitais tanto para o design criativo quanto para sua gestão – estratégica e economicamente. De particular importância é o papel desempenhado pelo som: pode reforçar um elemento visual, transmitir os benefícios de uma marca, conferir personalidade, criar diferenciação, enfim, ir além do que são capazes os elementos visuais e, o mais importante, repercutir emocionalmente junto ao público. Marcas e designers inteligentes cada vez mais estão se valendo do *branding* sensorial para diferenciar e reforçar suas iniciativas de design.

Pratico o *sonic branding* há quase 17 anos, muito antes que se tornasse um termo da moda. Àquela época, todo 'branding com som' consistia em uma assinatura sonora. As agências de publicidade recorriam a uma produtora musical, diziam o que queriam para determinado anúncio e recebiam as demos. O próprio campo do *branding* recém começava a popularizar-se.

Hoje, o público pode ouvir a marca e ver o design de uma empresa em tantos lugares diferentes ao mesmo tempo (PDAs, computadores, *banners*, YouTube, sites, marketing interativo, eventos, comerciais, vídeo por demanda, TiVo) que a voz passou a ser transparente, assim como sua inconsistência.

As empresas desembolsam milhões para preservar a singularidade e consistência de sua estética visual nos muitos pontos de contato, com diretrizes, fontes tipográficas e cores – e, no entanto, os ativos sonoros costumam ser criados de forma insular e arbitrária, sem maiores considerações quanto à sua consistência e longevidade.

O *sonic branding* consiste no desenvolvimento estratégico e na implementação clara e consistente dos atributos de uma marca através de uma multiplicidade de pontos de contato. Em suma, o *sonic branding* é um *branding* de som – uma maneira inteligente e estratégica de incorporar o sentido da audição a mensagens que sejam adequadas e apoiem a marca.

Audrey Arbeeny
Sócia/produtora executiva
Audiobrain, Estados Unidos

É importante para um cliente ou uma agência de publicidade compreender como o *branding* de som pode ser utilizado e ter diretrizes tangíveis a seguir. O cliente poderá então compartilhar, revisar e desenvolver esses ativos para que não precise partir do zero a cada início de um novo projeto.

Criamos uma estrutura que identifica os principais elementos icônicos de uma marca. Todo som que surja passa por esse filtro, de modo que esses atributos são debatidos continuamente. Trata-se de um modelo e também de algo lógico, já que você não está criando apenas uma experiência consistente de uma marca com um som consistente, mas também obtendo um melhor retorno sobre o investimento, pois seus ativos sonoros são adequados e muitas pessoas podem utilizá-los em toda a empresa para propósitos os mais variados. Em última análise, a coisa fica menos cara com o tempo.

Na Audiobrain, seguimos o seguinte processo: descoberta, estratégia, design, implementação e manutenção. Examinamos os objetivos das empresas e os exploramos no som que desenvolvemos. Primeiramente verificamos os atributos da marca e então os traduzimos em música e som. Não somos nós que os determinamos – somos uma bússola; auxiliamos os clientes a encontrar uma voz e um espaço exclusivamente seu.

Se uma marca deseja ser percebida como 'fácil de fazer negócios', jamais criaremos um som complicado. Se uma empresa de computadores quer adotar uma percepção mais humana, jamais deverá usar uma música sintetizada ou eletrônica. Trata-se de uma maneira bastante inteligente de pensar sobre o som e as características que conseguimos captar, intensificar e retratar com o desenvolvimento apropriado.

Os logotipos sonoros são de extraordinário valor, mas o *sonic branding* vai mais além. É a voz que você escuta em um *call center*, a musiquinha que ouvimos enquanto aguardamos ao telefone, o som ambiente que preenche uma sala de conferências antes da apresentação, a música de seu vídeo corporativo. De modo que o *sonic branding* nem sempre é musical – pode ser uma voz, assim como um design sonoro.

As pessoas utilizam o som, seja para um comercial, um produto ou para a voz de espera de um *call center*. Incorporar músicas e sons desenvolvidos de forma estratégica e holística reforçará qualquer iniciativa de design e será um ativo formidável e duradouro para sua gestão."

6

Design e inovação

Design, gestão e inovação

A relação entre design, gestão e inovação tem se desenvolvido e estreitado em contextos de mudanças aceleradas. Visto historicamente como um elo entre o recurso interno de design e outras funções organizacionais, como marketing, gestão e estratégia, o design cada vez mais tem desempenhado um papel catalítico nas empresas, operando de forma interdisciplinar e estabelecendo o denominador comum entre as agendas e objetivos dos departamentos.

Design e empresa

Para o desenvolvimento de novos processos, produtos e serviços, o design adota uma perspectiva centrada no usuário (ou focada no cliente), em contraposição à tradicional ênfase posta nas hierarquias internas ou capacidades essenciais da organização; ademais, seja no contexto de produtos e serviços, seja no contexto organizacional, o design sempre visualiza soluções centradas nas pessoas. Gerenciar a forma como o design se alinha aos objetivos organizacionais, estratégica e operacionalmente, é um dos papéis fundamentais do gestor de design.

A *Cox Review* estabeleceu um sistema bastante útil para compreender a relação entre criatividade, design e inovação. "Criatividade é a geração de novas ideias – sejam elas um novo olhar sobre problemas existentes ou a descoberta de novas oportunidades. Inovação é a exploração de novas ideias. Design é o elo que une criatividade e inovação – o elemento que molda as ideias a fim de torná-las proposições práticas e atraentes para usuários e clientes" (Cox, 2005).

O design gera valor e contribui para estimular a inovação e o crescimento. Para Scherfig (2007), "Um bom design é criado quando a empresa é capaz de perceber o potencial funcional, social e econômico inerente a seu uso. É particularmente importante que as empresas que não podem competir em custos de produção atentem para o enorme potencial de operar estrategicamente com o design".

Inovação

Segundo a HBS (2003 e 2009), existem três tipos de inovação: a inovação incremental, que explora formas ou tecnologias existentes (p. ex., mediante pequenas mudanças, melhorias e reconfigurações baseadas no conhecimento adquirido e nas capacidades organizacionais existentes); a inovação modular (dentro de um ou mais componentes de um sistema), que, apesar de significativa, não implica transformações radicais; e a inovação radical, que rompe com o conhecimento, as capacidades e as tecnologias existentes a fim de criar algo novo no mundo, possivelmente estimulada por novas oportunidades ou capacidades que se tornaram obsoletas (a inovação radical é também referida como inovação revolucionária, descontínua ou transformacional). A Internet tem revelado novas possibilidades para o design, a gestão e a inovação, como, por exemplo, a capacidade de romper com processos vigentes por meio de tecnologia (inovação disruptiva), novos modelos organizacionais (inovação social) e novos desafios ecologicamente corretos (ecoinovação).

1: A Tata Motors descreve seu Nano, um veículo ecologicamente correto, como uma inovação revolucionária ou radical. Mas o verdadeiro significado do Nano vai muito além do veículo propriamente dito: a Tata Motors solicitou às pessoas que "imaginassem um carro ao alcance de todos", e o resultado foi a criação do automóvel mais barato do mundo. Para tanto, a empresa desafiou cada etapa do processo de design e produção, a fim de que "os engenheiros trabalhassem para fazer mais com menos". Na foto ao lado vemos o People's Car, a versão popular do Nano.

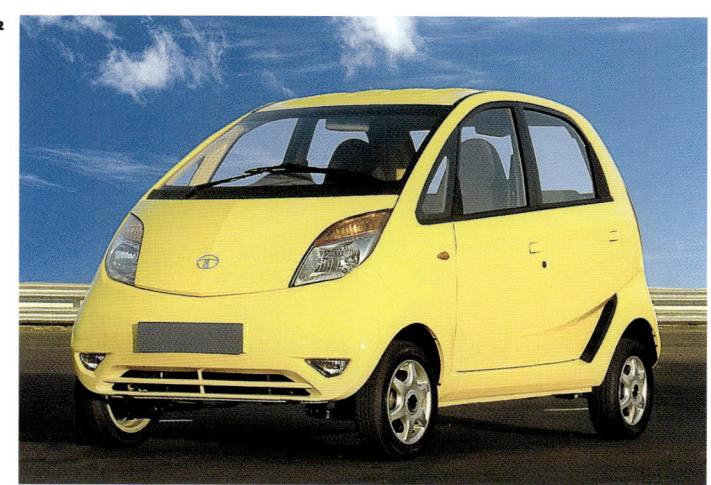

2. De acordo com a revista *Business Week*, a inovação costuma ser medida em termos de patentes (a Tata Motors registrou 34 patentes para o Nano). No entanto, algumas das mais valiosas inovações utilizam componentes já patenteados e os recombinam para suprir com mais eficácia as necessidades de uma grande quantidade de clientes. Com seu design modular, o Nano é feito a partir de componentes que podem ser construídos e despachados separadamente para serem montados em uma variedade de locais (são kits distribuídos, montados e disponibilizados por empresários locais), disseminando riqueza por meio de redes de "distribuição aberta" (*Business Week*, 2008). Na foto ao lado vemos a versão luxo do Nano.

Inovação baseada no design

A inovação baseada no design implica a gestão do relacionamento entre o design e a inovação, sendo a inovação determinada pelas necessidades dos usuários e clientes. Requer uma abordagem mais "de baixo para cima" (centrada no usuário), de modo a agregar valor à experiência do cliente.

Processos de design centrados nas pessoas

Envolver os usuários finais no processo de design é um excelente recurso para a geração de novos produtos e serviços, podendo levar ainda à adaptação de uma marca existente ou à criação de uma nova marca ou mercado. As necessidades das pessoas passam a ser o motor por trás do design de novos produtos e serviços. Essas necessidades humanas "reais" (e não do mercado) podem fundamentar ideias de design novas e práticas, ideias que tendem a ser mais inovadoras, éticas e sustentáveis. Trata-se de algo comum, por exemplo, no âmbito do design de serviços públicos, do design em países em desenvolvimento, dos desafios de design comunitários, sociais ou globais e das empresas incipientes (*start-ups*) de alta tecnologia.

Codesign e cocriação

Focadas no chamado "valor criado pelo cliente", muitas empresas estão redesenhando seus sistemas a fim de cocriar valor com os clientes e integrar todas as partes da organização a esse processo. Estão "ligando a estratégia à execução e construindo capacidades organizacionais que lhes possibilitam promover e sustentar mudanças e inovações contínuas" (Prahalad e Krishnan, 2008). Ao utilizar uma rede global de recursos para criar experiências únicas em conjunto com os clientes ("uma pessoa de cada vez"), as empresas tornam os clientes peças-chave para a geração de valor e o crescimento futuro.

1, 2, 3. Países em desenvolvimento e o desafio da água potável: a IDEO e o Acumen Fund reuniram-se para discutir como poderiam fazer a diferença usando o design thinking – e uma à outra – como recurso. O "Ripple Efect" (Efeito dominó) é um projeto destinado a ampliar o acesso seguro à água potável, estimulando a inovação entre os fornecedores locais e construindo capacidade para o desenvolvimento futuro. Atualmente, 1,2 bilhão de pessoas no mundo bebe água insalubre e, apesar dos esforços para disponibilizar água potável e tratada, os suprimentos frequentemente resultam contaminados devido a seu inadequado transporte e armazenamento. O trabalho da IDEO começou com pesquisas na Índia (*página ao lado, 1 e 2*) cujo propósito era conhecer em primeira mão as necessidades dos interessados no sistema de abastecimento de água – os fornecedores de água potável, seus consumidores e não consumidores. As soluções locais incluíam, em primeiro lugar, um sistema de distribuição que leva água potável até vilarejos desertos e remotos, reduzindo o tempo e o esforço gastos pelas pessoas para o transporte da água adquirida (*página ao lado, 3*); e, em segundo lugar, o protótipo de uma carroça e de uma microempresa, em que mulheres entregam água potável nos bairros pobres de Bangalore (*página ao lado, 3*). Projetar cenários que abordem o uso da água também pode contribuir para promover mudanças reais e gerar oportunidades de negócios para os empresários locais dos países em desenvolvimento. Projeta-se que a descoberta desses modelos de negócios potenciais criará oportunidades para a resolução de outros problemas críticos de recursos e saúde no futuro. (*Fonte:* <www.ideo.com>)

171

Inovação baseada na marca

Marcas que conseguiram construir uma identidade, adquirir valor e conquistar seguidores fiéis que "acreditam" em sua mensagem têm a oportunidade de capitalizar esses ativos utilizando um pensamento inovador (como explorar novas ideias) para encontrar possibilidades adicionais de construir valor de marca – por exemplo, com novos produtos e serviços direcionados a clientes atuais ou novos. Paralelamente, novas tecnologias e materiais inovadores podem levar à criação de uma marca inteiramente nova, capaz de assegurar uma posição de liderança no mercado pela exclusividade da oferta.

A inovação baseada na marca segue uma abordagem mais "de cima para baixo" (marca e marketing), agregando valor à marca mediante a introdução de produtos, serviços e métodos inovadores. Se uma marca constitui uma promessa da organização aos usuários finais, então a visão, os valores e a "história" dessa marca passam a ser a força motriz para a criação de inovações que conservem "viva" a relação com o cliente.

O design torna-se, assim, um meio de proporcionar às pessoas uma experiência tangível com a marca, mediante o projeto de uma série de pontos de contato passíveis de ser adaptados para satisfazer as necessidades de diferentes contextos culturais e geográficos. Trata-se de uma metodologia comum às ofertas de produtos e serviços das grandes empresas, bem como ao serviço criativo prestado pelas consultorias de publicidade e marcas.

"O design é um veículo estratégico para compreender e traduzir o contexto em que uma marca e sua proposição de valor são vivenciadas. Contribui para extrair a essência da marca e então aproveitar seu poder por meio de um caleidoscópio de culturas, interações e pontos de contato, a fim de incrementar as vendas e melhorar a percepção da marca."
Philips Design, "Seeds for Growth", 2008

1

1, 2. As necessidades do mercado podem muitas vezes levar à criação de novas marcas, marcas que devem sua existência à inovação e que utilizam a inovação como sua proposição única de venda (USP). A marca e os produtos 60BAG (*página ao lado, 1*) eram originalmente direcionados a varejistas que procuravam substituir suas sacolas de compras, feitas de plástico, por uma alternativa verdadeiramente ecológica.

A 60BAG é uma sacola de compras biodegradável feita de viscose de linho não trançado. O material, confeccionado na Polônia, é desenvolvido cientificamente e patenteado, sendo a 60BAG detentora dos direitos exclusivos para sua comercialização e distribuição. O tecido de viscose de linho é produzido a partir dos resíduos industriais da fibra de linho, ou seja, a empresa não explora nenhum recurso natural e minimiza o consumo energético da produção.

As sacolas entram em decomposição natural após cerca de 60 dias de seu descarte, dispensando processos de reciclagem caros. Constituem um substituto radical das "sacolas ecológicas" feitas de polipropileno e das grossas sacolas plásticas cedidas pela maioria das lojas de roupas.

Gestão do design para corporações

Defender o papel do design e superar barreiras políticas e organizacionais (os "silos") inerentes às grandes organizações é parte fundamental do trabalho de um gestor de design. Cabe a ele identificar maneiras de agregar ou criar valor tanto no âmbito dos sistemas produto-serviço quanto das próprias organizações.

Liderança de design e desenvolvimento de estratégias

Utilizar os pontos fortes organizacionais (p. ex., competências, habilidades e capacidades essenciais) é um bom ponto de partida para tentar assegurar o comprometimento e a adesão ao design por parte dos *stakeholders* internos e externos (p. ex., empregados, consultorias, distribuidores e clientes). Para os gestores de design que almejam ser bem-sucedidos em liderança e inovação, é crucial posicionar o design como uma ferramenta importante para o desenvolvimento da estratégia organizacional, explorar exitosamente os pontos fortes da empresa e ampliar a percepção e compreensão do design como um agente da mudança.

Segundo Paul Geraghty, o design cada vez mais tem sido visto como uma competência capaz de impulsionar e coordenar a inovação. "Cada empresa possui um conjunto de recursos e capacidades a partir dos quais procura criar valor econômico. O design pode unir esses recursos e capacidades de modo a criar uma vantagem competitiva sustentável... mediante o desenvolvimento de novos produtos e serviços, bem como comunicações criativas" (Geraghty, 2008).

Gerenciando os processos de desenvolvimento de produtos e serviços

As corporações são mais conhecidas pelos clientes graças aos pontos de contato externos de sua marca – como produtos, serviços e ambientes. O design de serviços constitui uma disciplina especializada de design que ajuda a conceber, projetar, desenvolver e oferecer grandes serviços e sistemas produto-serviço – isto é, o contexto para além dos produtos propriamente ditos. De acordo com a Engine (uma consultoria de design de serviços), o design de serviços pode melhorar fatores como facilidade de uso, satisfação, lealdade e eficiência em áreas como ambientes, comunicações, produtos, bem como as pessoas que prestam o serviço.

Nas grandes corporações, a visão do design e a coordenação holística de todos os pontos de contato com o cliente (no tocante ao modo como são vistos e sentidos os produtos, serviços, sistemas e a experiência de marca) costumam ficar a cargo dos gestores de design – seja atuando na função de design interna da empresa, seja colaborando com serviços de consultoria de design externos. É preciso equilibrar situações externas (p. ex., compreender o ambiente competitivo e as necessidades dos consumidores) com considerações internas (objetivos organizacionais, gerenciamento de projetos, critérios de custo etc.).

Exemplo de grande organização com uma função de design é a Procter & Gamble; os designers que integram sua Design Function são oriundos de disciplinas as mais variadas, incluindo design gráfico, design industrial, design de interiores, design de moda, arquitetura, estratégia de marcas e análise de tendências.

A Design Function "lidera o trabalho de infundir o Design Thinking no DNA da Procter & Gamble, a fim de construir marcas irresistíveis que estabeleçam um vínculo emocional e prazeroso com os consumidores". Adotando uma abordagem colaborativa implementada por equipes multifuncionais, a Procter & Gamble acredita que "o design proporciona um conjunto único de capacidades, e uma maneira de pensar que complementa os outros pontos fortes da organização – ajudando a trazer emoção e a experiência dos consumidores para o processo de inovação". Os próprios gestores de design são responsáveis por "executar os principais elementos da identidade visual holística de uma marca, desenvolver produtos novos e inovadores, criar embalagens primárias e secundárias inovadoras e elaborar as comunicações *in-store*, os balcões e os expositores dos produtos da Procter & Gamble comercializados mundo afora" (<www.pg.com>).

Gerenciando a inovação e as pessoas

Cada vez mais, as equipes multidisciplinares são vistas como a melhor maneira de descobrir novas possibilidades criativas para a inovação. Isso se aplica especialmente às grandes organizações, nas quais as pessoas figuram entre seus mais valiosos (e caros) ativos. A inovação é atualmente reconhecida como a principal ferramenta de gestão em quase todas as indústrias e segmentos, uma ferramenta capaz de transformar inteiramente a cultura das organizações – na empresa como um todo e em cada membro de equipe (Kelly, 2005). Novos pontos de vista e papéis estão surgindo, os quais aceitam que "a inovação diz respeito inteiramente às pessoas... às funções que podem exercer e às personalidades que podem adotar" (Kelly, 2005).

Inovação da gestão

A inovação da gestão – a implementação de novas práticas, processos e estruturas gerenciais que representam um desvio significativo em relação às normas vigentes – transformou radicalmente o modo como muitas funções e atividades são executadas nas grandes organizações.

Analisando como melhor gerenciar as práticas, processos e estruturas de inovação das empresas modernas, Birkshaw e Mol (2006) propõem um modelo para compreender as etapas envolvidas no processo de inovação da gestão, como segue:

– Insatisfação com o *status quo* (p. ex., problemas operacionais, ameaças estratégicas ou crises iminentes) e inspiração vinda de fora (na forma de agentes de mudança externos, normalmente de fora do setor, capazes de oferecer pontos de vista radicalmente novos).

– Invenção (p. ex., um momento "eureca!" ou acontecimentos circunstanciais), seguida pela validação interna (compreensão dos riscos, superação das incertezas e garantia de aceitação interna) e pela validação externa (aprovação independente por parte um agente externo, como uma escola de administração, uma firma de consultoria ou uma empresa de mídia).

– E, por último, difusão (o modo como os resultados alcançam os usuários e os mercados).

(*Fonte*: Birkshaw e Mol, 2006)

1. O DME Award premia o uso estratégico do design para a sustentabilidade de longo prazo de empresas europeias. A Virgin Atlantic Airways Ltd conquistou em 2008 o DME na categoria grandes empresas, por sua excelência em coordenação de design. Seu manifesto de design (*diagrama abaixo*) descreve os aspectos não negociáveis das operações cotidianas, como segurança e pontualidade de partida. Os objetivos empresariais definem metas anuais e alvos específicos, como o orçamento anual ou novos mercados a atingir. O plano divisional é, na verdade, o plano de negócios, que especifica em detalhes todos os projetos e metas. A missão do design é "inspirar a mudança com uma inovação calculada, criando ambientes e produtos excelentes e funcionais. "Os valores de marca – cuidado, honestidade, valor, diversão e inovação – constituem a essência da marca Virgin.

Diagrama 19, 2, 3. O chefe de design capitaneia a equipe de design na consecução de todos os objetivos expressos no plano divisional, garantindo, diariamente, que os valores da empresa estejam integrados aos produtos e serviços oferecidos, bem como às ações da equipe, como atesta o Virgin Atlantic Clubhouse instalado no Terminal 3 do aeroporto Heathrow, em Londres (*página ao lado*). *Imagens:* © Virgin Atlantic Airways Ltd.

1

DME AWARD_ DESIGN MANAGEMENT EUROPE

Diagrama 19: O manifesto de design da Virgin Atlantic

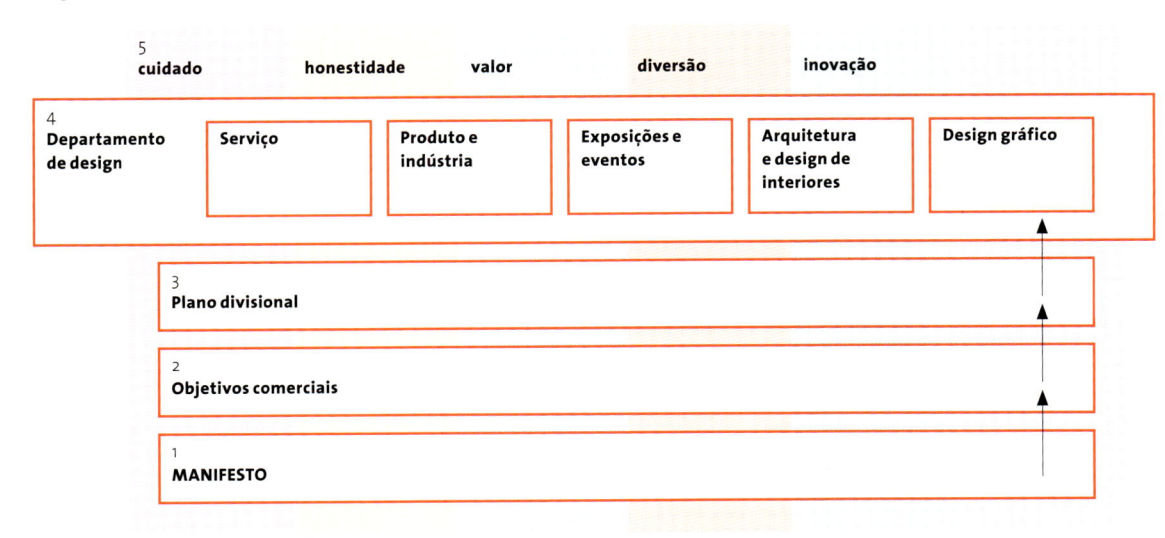

5	cuidado	honestidade	valor	diversão	inovação
4 Departamento de design	Serviço	Produto e indústria	Exposições e eventos	Arquitetura e design de interiores	Design gráfico

3 **Plano divisional**

2 **Objetivos comerciais**

1 **MANIFESTO**

2

3

Tabela 14. Inovação tem tudo a ver com pessoas. A Ideo elaborou um modelo de 10 tipos de personalidade dotados das ferramentas e do talento para a inovação – papéis que não dependem das estruturas organizacionais, consistindo mais especificamente em "ajudar equipes a expressar seus diferentes pontos de vista a fim de criar uma gama mais ampla de soluções de inovação", conforme detalhado na Tabela 14. (*Fonte:* Kelly, 2005)

Tabela 14: As 10 personalidades identificadas pela IDEO

Tipo de personalidade	Nome	Papel
Personalidades que aprendem	Antropólogo	Constrói novos conhecimentos e *insights* sobre a organização ao observar o comportamento humano e desenvolver uma profunda compreensão do modo como as pessoas interagem física e emocionalmente com produtos, serviços e espaços.
	Experimentador	Experimenta novas ideias em caráter contínuo, aprendendo e descobrindo por meio de um processo de tentativa e erro.
	Polinizador	Explora outras indústrias e culturas, adaptando suas descobertas às necessidades específicas de uma empresa.
Personalidades que organizam	Saltador de obstáculos	Sabe que o caminho para a inovação é repleto de obstáculos e desenvolve uma habilidade especial para superar ou contornar essas barreiras.
	Colaborador	Ajuda a reunir e articular grupos ecléticos, geralmente liderando de um nível intermediário da organização para criar novas combinações e soluções multidisciplinares.
	Diretor	Não só reúne uma equipe de pessoas talentosas, como as ajuda a estimular seus dotes criativos.
Personalidades que constroem	Arquiteto de experiências	Projeta experiências atraentes que vão além da mera funcionalidade para alinhar-se de forma mais profunda às necessidades dos clientes, sejam elas latentes ou expressas.
	Cenógrafo	Cria um cenário no qual os membros da equipe de inovação podem dar o melhor de si, transformando ambientes físicos em poderosas ferramentas para influenciar comportamentos e atitudes.
	Cuidador	Baseia-se na metáfora dos profissionais da saúde para tratar o cliente com atenção e cuidado que vão muito além do mero serviço.
	Contador de histórias	Cria uma moral interna e uma consciência externa mediante narrativas atraentes que comunicam um valor humano fundamental ou um traço cultural específico.

1, 2. A filosofia da marca Samsung consiste em "dedicar nossos recursos humanos e tecnologia para criar produtos e serviços superiores, contribuindo assim para uma melhor sociedade global". A empresa acredita no poder do grande design e utiliza exitosamente a inovação, o design e o "pensamento verde" para elevar o valor de sua marca e sua participação de mercado. Em 1995, estabeleceu o Innovation Design Lab of Samsung (IDS) na Califórnia, uma escola interna onde designers promissores podem estudar tirando proveito da estrutura e dos especialistas do Art Center College of Design em Pasadena.

O pensamento verde evidencia-se na forma como a Samsung considera, por exemplo, os processos de produção e o que acontece ao final do ciclo de vida do produto. Em 2004, a empresa criou um sistema de avaliação de ecodesign destinado a examinar e aprimorar a qualidade ambiental de seus produtos – por exemplo, a eficiência do uso dos recursos, periculosidade ambiental e eficiência energética.

O Samsung Reclaim™ foi o primeiro telefone ecologicamente correto oferecido pela Sprint (empresa de serviços de telecomunicação sem fio conhecida por sua liderança no desenvolvimento de novas tecnologias). Desenhado com componentes e embalagem recicláveis, o aparelho é destinado a consumidores ecologicamente conscientes que desejam dispor de um telefone que seja "verde" sem deixar de contar com o que há de mais novo em tecnologia (<www.samsung.com> e <www.samsungusanews.com>).

1

2

Gestão do design para pequenas e médias empresas

Empresas de pequeno e médio porte (PMEs) – empreendimentos com menos de 50 empregados – formam parte significativa de todas economias, sejam elas desenvolvidas, em desenvolvimento ou emergentes.

Escala como vantagem competitiva

Devido à escala das operações envolvidas, as empresas de menor porte podem beneficiar-se de sua inerente flexibilidade e capacidade de tomar decisões rápidas. Essa pode ser uma fonte de grande vantagem competitiva quando, por exemplo, os clientes procuram maneiras criativas de reduzir os custos de processos seus nos quais poderiam ser utilizadas PMEs (p. ex., mediante terceirização).

Debates atuais sugerem que as melhores oportunidades para o sucesso e o crescimento de uma empresa não estão em ser pioneira no mercado ou superar a concorrência, mas em atender melhor às necessidades dos clientes – em outras palavras, em "triunfar sem derrotar".

Os quatro poderes do design

Com base em estudo sobre PMEs europeias orientadas para o design, Borja de Mozota (2006) desenvolveu um modelo de valor para o design alicerçado no conceito dos "quatro poderes do design" (ilustrados na Tabela 15, abaixo). O design pode, assim, ser integrado aos modelos de gestão do valor no contexto da ciência da administração.

Tabela 15: Os quatro poderes do design

Design como diferenciador	O design como fonte de vantagem competitiva no mercado por meio da criação de valor para a marca, preço superior, fidelização ou orientação para os clientes.
Design como integrador	O design como recurso para aprimorar os processos de desenvolvimento de novos produtos, como tempo de colocação no mercado e construção de consenso nas equipes mediante habilidades de visualização.
	O design como processo que favorece a arquitetura das linhas de produtos, os modelos de inovação orientados para os usuários e a gestão de projetos *"fuzzy front-end"*.
Design como transformador	O design como recurso para criar novas oportunidades de negócios, para melhorar a capacidade da empresa de lidar com as mudanças, ou como *expertise* para melhor interpretar a empresa e o mercado.
Design como um bom negócio	O design como fonte de incremento das vendas, melhores margens de lucro, maior valor para a marca, maior participação de mercado, melhor retorno sobre o investimento (ROI).
	O design como recurso para a sociedade em geral (design inclusivo, design sustentável).

Criado pelo Design Council como parte da estratégia de fomento à competitividade articulada pelo governo do Reino Unido, o Designing Demand é um programa que ajuda as empresas a impulsionar seu desempenho, acelerar o crescimento, incrementar as vendas e a participação de mercado, bem como melhorar o resultado final, colocando o design no centro da estratégia corporativa.

Mediante oficinas, apoio prático e mentoria por parte de especialistas em gestão do design ligados ao Design Council (os "*design associates*"), o programa auxilia as empresas a descobrir como tornar-se mais inovadoras, mais competitivas e mais rentáveis. Para tanto, orienta os gestores a identificar oportunidades, elabora *briefings* consistentes e a executar os projetos eficientes.

O programa Designing Demand compõe-se das seguintes estratégias:

1. Gerar é um serviço destinado a ajudar tanto empresas estabelecidas quanto *start-ups* de crescimento elevado a pôr em marcha um projeto de design.

2. Inovar fornece apoio intensivo a novas empresas de tecnologia, ajudando-as a utilizar o design para reduzir o tempo de colocação no mercado e atrair investimentos.

3. Imergir oferece apoio intensivo a empresas maduras com apetite por uma mudança estratégica, ajudando-as a incrementar suas vendas e lucros por meio de uma série de projetos de design.

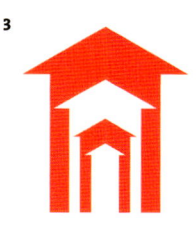

4. Na condição de pequeno fabricante de produtos de limpeza doméstica, a Challs enfrentava dificuldades para atrair a atenção dos compradores supermercadistas. Após passar pelo programa Imergir, delineado acima, uma reformulação do *branding* e da estratégia da empresa obteve resultados impressionantes. Agora, quase todas as cadeias de supermercado do Reino Unido estocam os produtos com nova embalagem e nova marca da Challs, os quais, após o lançamento, ampliaram as vendas da empresa em até 35%.

Philips Design: design para uma sociedade sustentável

O desenvolvimento sustentável é parte importante da filosofia da Philips Design. Com uma missão e uma visão calcadas no princípio de "criar valor para as pessoas" e "melhorar a sua qualidade de vida", aliadas a um processo de design fundado na noção de "pensar adiante", o enfoque humano da empresa pode ser aplicado a muitos desafios em diferentes culturas. A Philips Design acredita firmemente na possibilidade de explorar o poder da tecnologia e da inovação para criar proposições de valor que têm "impacto ambiental mínimo e são elaboradas de forma responsável, ao mesmo tempo em que melhoram a vida das pessoas e são lucrativas para as empresas" (citação extraída do site da Philips Design). O estudo minucioso dos mais variados contextos sociais e ambientais garante soluções inteiramente relevantes para os estilos de vida e costumes específicos de cada localidade.

Filantropia por meio do design

O programa "Philanthropy by design" nasceu de uma oficina sobre "visão de design sustentável" cujo propósito era sensibilizar os participantes e estimular ideias criativas para a criação de produtos e serviços capazes de ajudar as Organizações Não Governamentais (ONGs) a aliviar o sofrimento de pessoas em situação de emergência (causada por desastres naturais) ou fomentar a capacitação individual. Os temas discutidos, alinhados à visão da Philips Design, incluíam o desenvolvimento de proposições humanitárias inovadoras nas áreas de saúde, bem-estar e educação, tratadas sob o guarda-chuva do investimento social, bem como uma reformulação das doações beneficentes para além do patrocínio financeiro. Duas áreas foram consideradas: primeiro, as competências, tecnologia e *know-how* internos, combinados com *expertise* complementar externa; segundo, as necessidades e aspirações das pessoas manifestadas em várias regiões do mundo e, mais especificamente, em seus contextos de vida.

Desde 2005, o programa "Philanthropy by design" tem se dedicado ao desenvolvimento de soluções humanitárias para problemas sociais e ambientais que afetam os segmentos mais "frágeis" da sociedade. O programa utiliza o conhecimento sociocultural e a *expertise* criativa da Philips Design, que doa seu vasto talento e habilidades aos projetos e parceiros do programa a fim de melhorar a saúde e o meio ambiente das sociedades do mundo em desenvolvimento – enfrentando desafios como subnutrição, pneumonia, poluição atmosférica, consumo energético e analfabetismo.

Questões específicas são selecionadas para investigação posterior, utilizando-se, nesse processo, coleta de dados qualitativos e quantitativos, grupos de discussão, entrevistas com ONGs e visitas de campo para observação das pessoas *in loco* – tudo com o objetivo de conhecer e compreender melhor as experiências e condições de vida dessas pessoas. "O conhecimento e os dados coletados nas regiões eram posteriormente transmitidos à sede da Philips Design, onde eram consolidados em formatos comuns, 'digeríveis', informativos e inspiradores, os quais utilizavam 'personalidades de design' para representar 19 histórias do tipo 'um dia na vida de...' de indivíduos e comunidades – expressando seus hábitos, comportamentos, rotinas, atividades e necessidades."

Contexto e desafio cultural

O fogão Chulha representa uma dessas iniciativas em que os empregados da Philips "utilizam suas competências e capacidades para enfrentar importantes problemas sociais e ambientais da atualidade e, no paradigma da inovação aberta, oferecer uma resposta concreta, contextualizada e humanitária para tais problemas" (Rocchi e Kusume, 2008).

Analisar o contexto cultural das possíveis soluções de design e tecnologia é crucial para garantir que tais soluções sejam efetivamente sustentáveis nas comunidades locais (Manzini e Jegou, 2003). Na Índia rural, é tradição as mulheres passarem muitas horas do dia cozinhando em rústicos fogões domésticos à base de "biomassa"; entretanto, as condições em que se realiza essa atividade são extremamente perigosas e potencialmente letais – a queima de biocombustíveis é responsável por quase 500 mil mortes a cada ano na Índia e 1,6 milhão em todo o mundo, devido à poluição do ar e às doenças respiratórias associadas.

Em vista disso, a Philips Design levantou a seguinte questão: "o que o design criativo pode fazer para ajudar essas mulheres a preservar sua cultura tradicional e ao mesmo tempo capacitá-las a escolher uma forma de cozinhar que não ponha suas vidas em perigo?" (Rocchi e Kusume, 2008). A solução – o fogão Chulha – promove a capacitação social por meio do conhecimento compartilhado, da criatividade e do codesign.

O processo de design: codesign

A Philips recorreu ao codesign, processo que consiste em incorporar as contribuições dos usuários diretamente ao processo de design, a fim de reunir informações e obter *feedback* das pessoas mais familiarizadas com os desafios de cozinhar nos lares da Índia rural. Esses interessados – profundos conhecedores dos contextos e problemas específicos da região – ensejaram a oportunidade de "ouvir intensivamente" a "voz das possíveis comunidades, famílias e pessoas visadas" (Simanis, Hart, Enk *et al*, 2005).

Ferramentas de design

Esse estimulante material serviu de base para a criação de uma série de oficinas da Philips Design destinadas a capacitar as equipes de interessados a pensar criativamente sobre os desafios em pauta. Duas ferramentas/exercícios de design resultaram particularmente úteis, ampliando as perspectivas de criação de ideias para produtos e serviços social e ambientalmente eficazes.

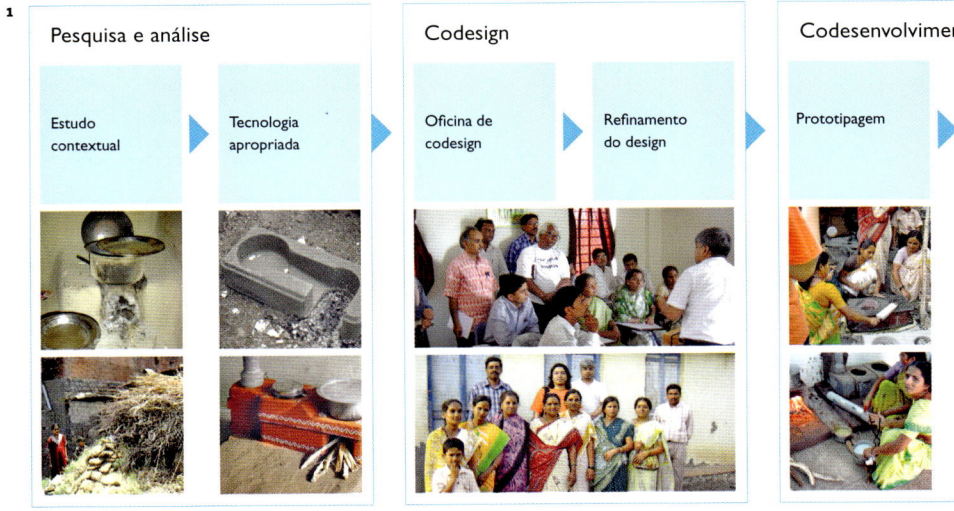

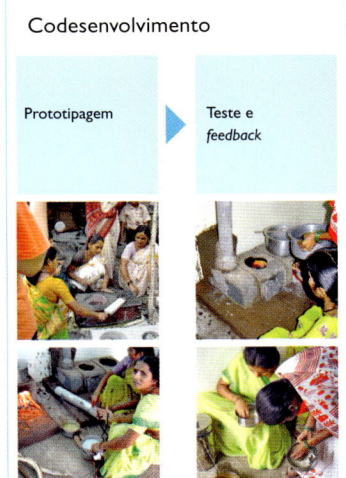

1

Pesquisa e análise		Codesign		Codesenvolvimento	
Estudo contextual	Tecnologia apropriada	Oficina de codesign	Refinamento do design	Prototipagem	Teste e *feedback*

1. De acordo com Rocchi e Kusume, "o processo de cocriação de valor realizado durante essa jornada de compreensão e aprendizado resultou em um fogão que torna a prática de cozinhar em recintos fechados mais saudável em comparação aos tradicionais fogões abertos". O processo de pesquisa, codesign e codesenvolvimento levou a uma solução "simples de usar, fácil de manter, produzida e distribuída localmente, relativamente barata e adequada a diferentes hábitos culinários".

2, 3. A queima de biomassa é responsável por 1,6 milhão de mortes no mundo todos os anos, devido à inalação de fumaça (2). A Philips Design elaborou alguns conceitos promissores (acerca da poluição do ar em ambientes fechados e das atividades culinárias em áreas rurais) e definiu as seguintes metas para o produto a ser criado: facilidade de acesso; facilidade de distribuição/ instalação/uso/manutenção; produção local; capacidade de reduzir a poluição em recintos fechados; baixo custo de reprodução; e tamanhos variados. Oito meses depois, a solução de design, o fogão Chulha, foi desenvolvida e testada junto a famílias e empresários sociais (3).

Tabela 16. O fogão Chulha foi concebido com o propósito de levar em conta critérios ambientais e sociais na fase de criação de conceito, bem como estimular uma abordagem de "pensamento sistêmico" que fosse além das mudanças técnicas de produto rumo a um conceito de inovação mais holístico. Seu objetivo era inspirar os designers com princípios e critérios que pudessem apoiar estratégias de design inovadoras, de modo a influenciar padrões de produção, distribuição, marketing e uso mais sustentáveis.

Tabela 16: Ferramenta "Design para a sustentabilidade"

Clusters: critérios específicos para orientação de design

Design para a longevidade: atualização estética e funcional; modularidade e variedade de tamanhos; durabilidade; recuperação em suas várias formas; etc.

Design para a desmaterialização: miniaturização, integração e multifuncionalidade; virtualização; biodegradabilidade; etc.

Design para o consumo energético limpo e eficiente: energia solar/eólica; energia humana; energia do hidrogênio; sistemas híbridos; etc.

Design para a diversidade cultural: recursos locais; tecnologias apropriadas ao contexto de aplicação; práticas tradicionais inteligentes; capacitação individual e comunitária; etc.

Design para o compartilhamento: uso comum de espaços, ativos, tempo, conhecimentos etc.

Fonte: Rocchi & Kusume, 2008

Antes de tomar parte em qualquer atividade de resolução de problemas, as equipes trabalharam com a ferramenta de "reação em cadeia" para compreender e explorar profunda e holisticamente os valores e comportamentos socioculturais das pessoas. Tomando-se o conjunto das ações dos usuários como uma "cadeia de eventos", foi possível identificar como sua qualidade de vida poderia ser melhorada mediante intervenções de design.

Para compreender o problema da poluição do ar em recintos fechados na Índia rural, as equipes examinaram, em primeiro lugar, as causas do problema (p. ex., o uso de lenha e fogões inadequados, o prazer de saborear os alimentos preparados a lenha, a ignorância acerca de possíveis efeitos relacionados à saúde) e, em segundo lugar, suas consequências (doenças respiratórias e oculares, gastos com assistência médica infantil, tempo gasto pelas crianças na coleta de lenha, tempo gasto pelas mulheres na limpeza de suas cozinhas).

O processo de design ajudou a identificar como proporcionar benefícios de saúde diretos, bem como reduções de custos de saúde indiretas, atividades de trabalho mais eficientes e vantagens ambientais e socioeconômicas positivas, tanto no nível individual como no comunitário. A introdução de um fogão "inteligente", por exemplo, proporcionaria às crianças mais tempo para estudar (já que não perderiam tanto tempo coletando lenha); reduziria as emissões de monóxido de carbono (e, em certa medida, também as emissões de CO_2) e o consumo de lenha; e ampliaria a consciência das famílias em relação à saúde.

A solução de design: design aberto

A solução de design consistiu na criação do Chulha, um fogão baseado em um design modular que permitia transportá-lo, montá-lo, consertá-lo e limpá-lo de modo rápido e fácil – fatores esses de grande importância para os usuários residentes nas zonas rurais. Além disso, manter baixos os custos de produção (apenas cinco ou oito euros por fogão) e possibilitar reparos baratos eram fatores não menos importantes para o design do utensílio (Rocchi e Kusume, 2008).

As especificações do design do Chulha foram disponibilizadas para download a ONGs selecionadas, como "*kit* introdutório" para o início da produção e disseminação do fogão. Essas especificações possibilitam a qualquer pessoa criar um conjunto de moldes e dar início à produção do fogão, melhorando a vida dos demais na área local. A solução resultou em um pacote completo de treinamento/comunicações destinado a estimular as atividades empresariais locais na criação e utilização de fogões sem emissão de fumaça.

Inovação aberta

Até este momento, para facilitar a reprodução, difusão e variedade de tamanhos dos fogões, as inovações de design têm sido registradas em esboços e desenhos técnicos, bem como incluídas em um pacote completo de comunicação e treinamento que explica como produzir, distribuir, instalar e conservar os fogões. O propósito do programa é, em parceria com ONGs locais, capacitar qualquer pessoa a utilizar esse conhecimento gratuitamente, melhorando as condições de vida de mulheres e crianças (os usuários finais) e estimulando atividades empresariais locais voltadas para a produção e distribuição de fogões seguros e saudáveis.

Já existe uma variedade de modelos de design, produção e distribuição que levam em conta as diferentes necessidades das comunidades rurais e semiurbanas, o nível de renda e as condições de infraestrutura. No modelo "descentralizado", um empresário treinado pode investir em um molde capaz de cobrir a demanda de 50 a 60 famílias espalhadas por 10-15 vilarejos, ao passo que o modelo "semidescentralizado" permite a localização em nível distrital, de modo que o novo empresário será capaz de atender a 200-250 famílias distribuídas em 30-40 vilarejos.

De fato, essa "democratização" do processo de criação de valor – realizada mediante o engajamento dos interessados no processo de codesign – amplia as chances de introduzir exitosamente a solução nas comunidades locais.

Matt Barthelemy
Smart Design

A Smart Design cria designs inteligentes e inspirados para pessoas e marcas memoráveis de clientes.

Inovação impulsionada pelo design

"A necessidade de desenvolver experiências de usuário coesas e integradas é grande e crescente. Historicamente, os muitos elementos e aspectos que compõem a experiência do cliente costumavam ser tratados em separado, por grupos distintos ou mesmo diferentes empresas parceiras. Hoje, as chances de que tal abordagem não integrada produza inovações significativas e experiências de consumo satisfatórias são cada vez menores.

Vimos aí um possível problema para nossos clientes, dado que suas estruturas e culturas internas podem (intencionalmente ou não) impor uma abordagem do tipo 'silo'. Um exemplo eloquente é a concepção e design dos hardware em separado dos software. Hoje, ambos precisam estar integrados – internamente em um dispositivo e externamente em conexões e serviços on-line. Vemos atualmente empresas de hardware desenvolverem seus próprios software e serviços de rede e, da mesma forma, empresas de software e serviços desenvolverem seus próprios hardware.

Para os gestores de design, essa necessidade de integração exige fluência nas diferentes disciplinas de design e especialidades de cada membro de equipe, constituindo um desafio/oportunidade crescente. Em minha jornada pessoal, parti do design industrial e, com o tempo, tornei-me bem versado nas várias disciplinas de design que precisam ser coordenadas para proporcionar experiências de usuário unificadas e inovadoras.

Na Smart, concebemos e projetamos nossas soluções em equipes multidisciplinares integradas. Nossos gestores de design trabalham para identificar e preservar uma visão consistente que é compartilhada com toda a equipe e expressa através de pontos de contato variados. Ainda que os membros das equipes possuam um conhecimento mais profundo em diferentes disciplinas de design, há uma visão compartilhada da experiência de marca unificada que todos trabalhamos para viabilizar. Essa experiência é então desenhada e proporcionada por hardware, software, comunicações de marca, serviços on-line e off-line – todas as partes e elementos que colaboram para criar uma experiência de marca coesa.

Em nossos processos, desenvolvemos e exploramos conceitos, que depois iteramos e validamos criando protótipos desde cedo e com frequência. Exemplo disso é o que chamamos de 'esboços de hardware-software': construímos uma série de protótipos interativos para nos certificarmos de que nossos conceitos inovadores são viáveis e de que podemos encontrar maneiras de preservar nossas ideias intactas, resolvendo os problemas que surjam ao longo do caminho até a implementação. Este 'desenhar fazendo' (*design doing*) nos faz ir além do mero design thinking e nos permite assegurar que todos os aspectos da experiência sejam considerados, alinhados e bem elaborados. Nossas iterações não apenas nos mantêm honestos ao provar a viabilidade de nossos conceitos, como possibilitam um processo completo de design e inovação. Há muitas ideias excelentes que não são implementáveis; e muitas outras que são implementáveis mas que são arruinadas por uma execução precária ou pela simples falta dos principais elementos integradores. Podemos pensar em uma série de exemplos de hardware com interface ruim.

Consideramos que essa abordagem de design iterativa e integrada nos ajuda a preservar, comunicar e validar nossas soluções de design junto a nossos clientes e, o mais importante, aos clientes de nossos clientes — às pessoas para as quais projetamos essas experiências. No fim das contas, a questão é menos de tecnologia ou inovação do que de proporcionar experiências melhores para as pessoas, experiências que, quando bem projetadas, fomentam vínculos emocionais positivos com produtos, serviços e marcas."

Matt Barthelemy
Smart Design, Estados Unidos

"Para os gestores de design, essa necessidade de integração exige fluência nas diferentes disciplinas de design e especialidades de cada membro de equipe, constituindo um desafio/oportunidade crescente."

Sonja Dahl
Design Council

Evidências apontam que empresas que investem mais em design têm duas vezes mais chances de ver crescer seu volume de negócios. No Reino Unido, contudo, apenas um terço das empresas incrementou efetivamente seus gastos com design nos últimos três anos, sendo que 43% delas eximem-se de qualquer investimento nesse campo. Pesquisas revelam também uma falta de confiança no design e pouco conhecimento sobre como contratar serviços de design, elaborar *briefings* e gerenciar o projeto de design, além de certa ignorância quanto a quem recorrer em busca de auxílio.

Gestão do design para pequenas e médias empresas (PMEs): um enfoque colaborativo

"Por tal razão, o Design Council lançou o programa Designing Demand em 2006, como parte de sua meta mais ampla de fomentar a competitividade das empresas do Reino Unido. O programa é resultado de três anos de projetos-piloto e estudos de viabilidade nos quais foram testadas diversas formas de ampliar as capacidades de design das empresas de menor porte mediante uma combinação de oficinas, trabalho de diagnóstico e mentoria executiva.

A comunidade do design reconhece o valor e o impacto de utilizar ferramentas e técnicas de design para auxiliar os clientes a aproximar-se dos usuários e desencadear a inovação. Mas que tal aproximar as empresas do design a fim de que compreendam como utilizá-lo estrategicamente e possam com isso concretizar sua visão?

Por meio do Designing Demand, designers e gestores de design experientes, conhecidos como Design Associates, orientam altos gerentes de negócios no processo de contratação de serviços de design. Primeiramente, eles facilitam uma discussão estruturada a fim de compreender o contexto comercial mais amplo e os desafios enfrentados pela empresa, antes de explorar onde e como o design pode estimular a inovação, criar novas oportunidades e impactar positivamente a produtividade, o desempenho ou os lucros da organização. A seguir, ajudam a empresa a elaborar um *briefing* de design alinhado a sua visão e seus objetivos estratégicos, escolher o designer certo e gerenciar um projeto.

Os Design Associates desafiam e apoiam a um só tempo, oferecendo conselhos e orientações cruciais sobre gestão do design sem comprometer as ambições da empresa.

O Designing Demand introduziu uma abordagem diferente à gestão do design, um enfoque colaborativo e, sob certos aspectos, educativo. Um dos propósitos centrais do programa de mentoria é instilar a compreensão e a capacidade de gerenciar o design nas empresas: compreender seu impacto estratégico e onde melhor aplicá-lo. Ao trabalhar com os Design Associates, os decisores da alta administração familiarizam-se com alguns princípios de melhores práticas e aprendem os benefícios do design e como ele pode favorecer as estratégias e metas da organização. Tal abordagem requer também uma combinação particular de competência em design, credibilidade junto às empresas e habilidades interpessoais – atributos que formam a base do processo de recrutamento de novos Design Associates.

O programa destina-se a empresas dotadas do espírito correto que ambicionam crescer e estão abertas a investir em design. Valendo-se de sua experiência no âmbito empresarial, os Design Associates concebem projetos, revelam oportunidades, constroem confiança e dotam os gestores de uma *expertise* em design que eles poderão continuar utilizando em projetos e atividades futuros.

Os Design Associates não partem do pressuposto de que as empresas conhecem ou compreendem como funciona o design. Eles utilizam uma combinação de técnicas e abordagens que permitem estabelecer uma adequada comunicação e troca de ideias, colaborando posteriormente com fornecedores e designers para garantir que a execução do projeto satisfaça as ambições da empresa."

Sonja Dahl
Gerente associada de design,
Design Council, Reino Unido

"A utilização de conhecimentos e ferramentas para facilitar o diálogo com os principais decisores das empresas garante a adesão da alta administração e a adequação estratégica dos projetos."

Simon May
August

A August é uma empresa catalisadora de inovações sediada em Londres. Acredita que a inovação seja a plataforma para sustentar o crescimento e que, para tanto, uma empresa precisa concentrar-se em seis áreas fundamentais: pessoas, processos, cultura, liderança, ferramentas e ecossistemas.

Gestão do design e inovação

"São as pessoas que inovam – não as máquinas, os computadores, os processos, mas as pessoas. A inovação não deveria ser de responsabilidade exclusiva daqueles vocacionados para atuar nas áreas criativas de Pesquisa e Desenvolvimento, Desenvolvimento de Novos Produtos ou Marketing de Produtos. Qualquer funcionário pode influenciar e contribuir para a capacidade de inovação da empresa – o que significa que todos os funcionários devem saber em que consistem a estratégia e o processo de inovação e onde podem ser úteis. Para tanto, são necessários bons canais de comunicação e atualizações constantes quanto ao andamento dos processos, mudanças no mercado e necessidades de desenvolvimento.

A inovação necessita de um sistema

Todas as empresas são capazes de gerar muito mais ideias do que realmente precisam ou podem desenvolver com sucesso. Em vista disso, é preciso vigorar um sistema alinhado à estratégia de inovação que permita filtrar tais ideias e selecionar aquelas que se revelarem as melhores ou as mais adequadas para levar adiante. Tais ideias precisam passar pelo processo de filtragem a fim de assegurar um investimento adequado de tempo e recursos para a concretização do potencial demonstrado originalmente. Esse processo *'upstream'* garantirá que todos os projetos cheguem à etapa de desenvolvimento tendo-se pleno conhecimento do que devem fazer para a empresa.

A inovação necessita de estímulo e apoio

Responsabilidade pela inovação dentro da empresa é determinante para garantir seu sucesso. A administração deverá apoiar integralmente o esforço de inovação em curso, o que implica lidar com aspectos difíceis como riscos e fracassos. Terá de mostrar quais são os comportamentos desejados, a fim de que os empregados possam certificar-se de que sua abordagem será vista de forma positiva. Aprender é crucial para a evolução permanente da capacidade de inovação, e a habilidade de extrair valor de cada projeto ampliará o conhecimento da equipe de desenvolvimento para o projeto seguinte.

A inovação exige uma perspectiva diferente

Desenvolver a capacidade de uma organização de encarar as coisas de um ângulo diferente exige criatividade em todas as suas formas. Os funcionários precisam ser treinados a utilizar diferentes tipos de ferramentas e a saber qual a ferramenta mais adequada para o tipo de desafio que enfrentam – por exemplo, realizar uma reunião criativa ou *brainstorming* de grupo, ou trabalhar com os usuários de forma mais etnográfica ou participativa. Essa perspectiva diferente pode, além disso, desafiar a visão interna do que a empresa faz e de como faz, de modo que a boa comunicação e a capacidade de persuasão são peças-chave da abordagem criativa.

A inovação precisa ser gerenciada e mensurada

Não havendo nas organizações nenhum tipo de medição em vigor, fica difícil avaliar o desempenho do sistema de inovação. A maioria das empresas se fiará no retorno sobre o investimento obtido após o lançamento do produto, mas tal medida não lhes permitirá saber se investiram o suficiente ou demasiado para alcançar o resultado desejado. Outras medidas poderiam ser utilizadas para examinar o desempenho interno das equipes ou do próprio processo, a fim de garantir que cada projeto que passe pela empresa melhore a eficiência e eficácia do sistema. Em última análise, isso aumentará a quantidade de projetos que obtêm resultados exitosos após o lançamento do produto e reduzirá o número daqueles malsucedidos que não conseguem cumprir as metas pretendidas ou são cancelados na fase de desenvolvimento."

Simon May
August, Reino Unido

"Todos os funcionários devem saber em que consistem a estratégia e o processo de inovação e onde podem ser úteis. Para tanto, são necessários bons canais de comunicação e atualizações constantes quanto ao andamento dos processos, às mudanças no mercado e às necessidades de desenvolvimento."

Conclusão

A gestão do design, pela própria natureza com que reúne diferentes disciplinas, profissões e interessados, tende a adotar um enfoque holístico quanto ao modo como facilitar e proporcionar a melhor solução possível para as partes envolvidas. A adoção de uma abordagem gerenciada do design amplia as possibilidades de criar e executar projetos capazes de demonstrar resultados tangíveis e valiosos – resultados que:

- são satisfatórios, agregam e geram valor (em termos de experiência do usuário ou valor financeiro ou de marca, por exemplo)

- são inclusivos e de máximo benefício para todos os envolvidos (do patrocinador ao usuário final)

- contribuem positivamente para o futuro (sem qualquer impacto negativo, como danos ambientais ou desagregação comunitária).

Um dos principais benefícios de compreender os fundamentos da gestão do design, e o papel do design no desenvolvimento de novos processos empresariais e de inovação, é saber como melhor verbalizar o valor do design.

Isso pode se dar tanto no contexto das grandes organizações (nas quais o gestor de design poderá desempenhar um papel estratégico, interagindo e contando com uma série de equipes especializadas) quanto no âmbito das pequenas e médias empresas (em que precisará ser suficientemente versado em todas as funções organizacionais para liderar, dirigir e gerenciar um projeto sozinho).

Há certas vantagens em saber como criar valor e explorá-lo, por exemplo, alinhando o design à visão e aos valores de uma marca (inovação baseada na marca) ou às necessidades dos usuários (inovação baseada no design). A meta, para os gestores de design, é dispor de conhecimento, experiência e habilidades que lhes permitam gerenciar exitosamente pessoas, processos e projetos, para o máximo benefício de todos os interessados.

Glossário

Abaixo da linha – termo utilizado nas áreas de publicidade e marketing em referência a outros meios de comunicação que não os de massa, como mala direta, relações públicas, promoções de vendas e campanhas de Internet.

Acima da linha – termo utilizado nas áreas de publicidade e marketing em referência aos meios de comunicação de massa, como televisão, rádio e jornais.

Análise de custo-benefício – processo para avaliar ou estimar o *business case* de uma proposta ou projeto e/ou o *case* financeiro por trás dele.

Análise SWOT – ferramenta empresarial utilizada para identificar pontos fortes e fracos, oportunidades e ameaças (Strengths, Weaknesses, Opportunities and Threats) de uma determinada organização ou oportunidade de mercado. Medidas adequadas são desenvolvidas em resposta aos principais fatores que influenciam, ou poderiam influenciar, a situação em causa.

BSI – British Standards Institute, o organismo nacional de normalização do Reino Unido. Representa os interesses econômicos e sociais do Reino Unido junto a todas as organizações de normalização europeias e internacionais, mediante o desenvolvimento de soluções de inteligência corporativa para organizações britânicas de todos os tamanhos e setores. O BSI trabalha com as indústrias de manufatura e serviços, empresas, governos e consumidores, a fim de facilitar a produção de normas britânicas, europeias e internacionais. No Brasil, o órgão nacional de função semelhante é o Inmetro.

Copyright – direito exclusivo que confere proteção legal para o uso de determinado design, trabalho criativo ou outra publicação – por exemplo, música, literatura ou arte.

Demografia – classifica os "tipos" de consumidor conforme o lugar onde vivem. Assume-se que compartilhem atitudes, crenças e hábitos de compra.

Design centrado no usuário – experiência em torno da vida e do comportamento do consumidor ou usuário.

Diferenciação – atributos exclusivos de um produto ou serviço, ou de uma propaganda ou promoção, concebidos com o propósito de sustentar uma vantagem competitiva e possibilitar aos consumidores diferenciá-los das ofertas concorrentes.

Direitos de propriedade intelectual – conferem proteção legal à propriedade de novas ideias ou nomes de marca, bem como o direito ao proprietário de impedir a exploração de sua propriedade. Incluem patentes, design registrado e direitos de design, marcas registradas e *copyright*.

Inovação – introduzir novas medidas ou ideias, ou promover mudanças e variações que indiquem uma ruptura radical com a maneira habitual de fazer as coisas.

ISO – International Organisation for Standardisation, é a maior organização do mundo de desenvolvimento e divulgação de normas técnicas internacionais. Consiste em uma rede composta pelos organismos nacionais de normalização de 162 países, cada qual representado por um membro. Organização não governamental, a ISO forma uma ponte entre os setores público e privado, viabilizando soluções consensuais que satisfaçam as exigências das empresas e as necessidades mais amplas da sociedade.

Iteração – refere-se ao processo cíclico não linear de investigação criativa, desenvolvimento e resolução, utilizado em situações de resolução de problemas – por exemplo, no processo de design.

Marca registrada – uma forma de identificar bens e serviços, bem como de diferenciá-los das ofertas concorrentes. A marca registrada é um sinal ou símbolo que permite reconhecer instantaneamente uma marca, sendo exclusiva de cada empresa e garantindo a origem, a qualidade e a consistência dos produtos ou serviços.

Patente – uma forma de proteção legal que garante direitos exclusivos para a criação, produção e venda de uma invenção ou inovação, por um período determinado. Patentes geralmente protegem os aspectos funcionais e técnicos dos produtos e processos.

Protótipo – um modelo físico ou virtual criado para testar ideias e designs, bem como para solicitar *feedback* dos usuários, a partir do que será gerado o produto ou serviço final.

Valor agregado – benefício adicional ou acrescido a um valor real e percebido, valor de mercado, desejabilidade, mérito, uso etc.

Web 2.0 – termo cunhado nos processos de web design e desenvolvimento web para descrever como os desenvolvedores web e os usuários finais trabalham juntos no desenvolvimento de novos aplicativos e experiências de serviço. Trata-se de um processo colaborativo que envolve, por exemplo, comunidades web, sites de relacionamento e blogs.

Bibliografia e recursos

Accounting Standards Board (ASB), <www.frc.org.uk/asb/>

Anderson, C. The Long Tail: How Endless Choice is Creating Unlimited Demand. Random House Business Books, 2006

APM, Association for Project Management, www.apm.org.uk

ARUP 'Drivers of Change', ARUP Global Foresight & Innovation, 2008

Beatty, S. & Kahle, L. 'Alternative Hierarchies of the Attitude-Behavior Relationship: The Impact of Brand Commitment and Habit'. Academy of Marketing Science, Journal of the Academy of Marketing Science, Summer, 1988, Vol. 16, No. 2

Birkshaw, J. & Mol, M. Making Sense of Management Innovation. Sloan Management Review, Summer 2006

Borja de Mozota, B. Four Powers of Design: A Value Model in Design Management (<findarticles.com/p/articles/mi_qa4143/>). Design Management Review, Spring 2006

Boyle, D. The Little Money Book. Alastair Sawday's Fragile Earth, 2003

Bragg, A. & Bragg, M. Developing New Business Ideas. Financial Times/ Prentice Hall, 2005

Brinkoff, A. & Ulrich, T. Ten Reasons for Failure. University of Cologne, 2007. Citado em Bloch, B. 'Secrets behind a business marriage made in heaven'. The Daily Telegraph 11.10.07

Brown, T. 'Public Servants – by Design, in Innovation by Design in Public Services'. The Solace Foundation, 2008

Brown, T. 'Design Thinking', Harvard Business Review. June, 2009

Brown, T. 'Strategy By Design', <www.FastCompany.com>, 2007

Bruce, A. & Langdon, K. Strategic Thinking. Dorling Kindersley, 2000

CABE (the Commission for Architecture and the Built Environment), <www.cabe.org.uk>

Capon, C. Understanding Organisational Context. Financial Times/ Prentice Hall, 2000

Chinese Academy of International Trade and Economic Cooperation (CAITEC), <www.caitec.org.cn>

CIMA, Chartered Institute of Management Accountants. www.cimaglobal.com

Clark, D. Integrated Management. Financial Management Magazine (UK), April 2009. Chartered Institute of Management Accountants (CIMA)

Clark, P. Design (A Crash Course). Watson-Guptill Publications, 2000

Cole, G.A. Management: Theory and Practice, Thomson Learning, 1996

Coomber, S. Branding. Capstone, 2001

Covey, S. The Seven Habits of Highly Effective People. Simon & Schuster, 1990

Cox, G. Cox Review of Creativity in Business. Encomendado pelo chanceler do The Exchequer, 2005

Csikszentmihalyi, M. Creativity: Flow and the Psychology of Discovery and Invention. HarperCollins, 1996

Dreyfuss, H. Designing for People. Penguin, 1974

Drucker, P. The Daily Drucker: 366 Days of Insight and Motivation for Getting the Right Things Done. Butterworth-Heinemann, 2004

Dyson, J. Accounting for Non-Accounting Students. Financial Times/ Prentice Hall, 2007

Engine Service Design, www.enginegroup.co.uk

Fisher, C. & Downes, B. 'Performance Measurement and Manipulation'. Financial Management (UK) Magazine, November 1, 2008. Chartered Institute of Management Accountants (CIMA)

Geraghty, P. A Strategic Framework for Entrepreneurial SMEs to Improve Services and Build Design and Innovation Capabilities. DMI Education Conference, 2008

Gobé, M. Emotional Branding: The New Paradigm for Connecting Brands to People. Allworth Press, 2002

Goleman, D. Emotional Intelligence: why it can matter more than IQ. Guildford Press, 1995

Hartley, B. and Palmer, A. The Business Environment. McGraw-Hill Higher Education, 2006

Heilbroner, R. & Thurow, L. Economics Explained. Touchstone, 1998

Holcim (Lanka), Clothing Factory in Sri Lanka/MAS Intimates Thurulie, 2008

Howkins, J. The Creative Economy: How People Make Money from Ideas. Penguin, 2002

Hutton & Holbeche, 'Peter Drucker's Management Approach', HR Magazine, 2007

Ivanovic, A. & Collin, P. Dictionary of Business. A & C Black, 2005

Jenkins, J. 'Creating the Right Environment for Design'. DMI Review, Summer 2008, Vol. 19 No 3

Johnson, G. & Scholes, K. Exploring Corporate Strategy. Financial Times/ Prentice Hall, 2006

Kaplan, R. S. & Norton, D.P. The Balanced Scorecard: Translating Strategy into Action. Harvard Business School Press, 1996

Kawasaki, G. The Art of the Start. Portfolio, 2004

Kay, J. Foundations of Corporate Success: How Business Strategies Add Value. Oxford Paperbacks, 1995

Kelly, T. with Littman, J. The Ten Faces of Innovation. Currency Doubleday, 2005

Kotler, P. Marketing Management, Prentice Hall, 2005

Kotler, P. & Armstrong, G. Principles of Marketing. Prentice Hall, 2007

Leadbeater, C. We-Think: Mass Innovation, Not Mass Production. Profile Books, 2008

Legible London Yellow Book, a Prototype Wayfinding System for London. Transport for London/Mayor of London, 2008

Liker, J. O Modelo Toyota. Bookman, 2005.

Likierman, A. From Recording the Past to Shaping the Future, Parc Research Report on Resilience: How Companies Prepare for Success in the Future, escrito por Paul Williams, 2007

Lockwood, T. Design Value: A Framework for Measurement, DMI Review, Fall 2007, Vol. 18, No. 4

Loglisci, K. Entrevista com o autor, Londres, 16 novembro, 2008

Managing Creativity and Innovation, Harvard Business Essentials, Harvard Business Press, 2003

McDonagh, W. & Braungart, M. Cradle to Cradle. North Point Press, 2002

Merholz, P. Entrevista com o CEO da Zipcar, Scott Griffith. <www.adaptivepath.com> 2008

Neumeier, M. The Brand Gap – Como Construir a Ponte entre a estratégia e o Design. Bookman, 2008.

Nussbaum, B. Zipcar Capitalism: A New Economic Model? <www.businessweek.com/NussbaumOnDesign>, Oct 30, 2008

Olins, W. On Brand. Thames & Hudson, 2003

Olins, W. The Brand Handbook. Thames & Hudson, 2008

Olins, W. The New Guide to Identity: How to Create and Sustain Change Through Managing Identity. Gower Publishing Company, 1995

Philips Design. Seeds for Growth, Philips Design Solutions, 2008

Pine, B.J. & Gilmore, J.H. The Experience Economy. Harvard Business School Press, 1999

Porter, M. Competitive Advantage: Creating and Sustaining Superior Performance. Free Press, 1995

Porter, M. Competitive Strategy: Techniques for Analysing Industries and Competitors. Macmillan, 1980

Porter, M. Whats is Strategy? Harvard Business Review, 1996

Portigal, S. Products and their Ecosystems. www.core77.com/offsite/archive.asp

Prahalad, C.K. & Hamel, G. 'The Core Competence of the Organisation'. Harvard Business Review, 1990

Prahalad, C.K. & Krishnan, M.S. The New Age of Innovation. McGraw-Hill Professional, 2008

Rees, F. Teamworking From Start to Finish. Pfeiffer, 1997

Regarding Rotterdam: Thamesgate Regeneration Civic Trust Study Trip. The Civic Trust, 2005

Resnick, L. Rubies in the Orchard: How to Uncover the Hidden Gems in your Business. Broadway Books, 2009

Rocchi, S. & Kusume, Y. Design for All: A Co-Design Experience in Rural India for Healthy Indoor Cooking. Philips Design, 2008

Scherfig, C. Director, Danish Design Center, in Review of Lockwood, T & Walton, T., Building Design Strategy. Allworth Press & DMI, 2008

Silbiger, S. The 10-Day MBA. Piatkus Ltd, 1999

Tapscott, D. & Williams, A. Wikinomics: How Mass Collaboration Changes Everything. Atlantic Books, 2007

The Value Chain Group, <www.value-chain.org>

Wheeler, A. Design de Identidade da Marca. Bookman, 2012

Winhall, J. 'Is Design Political?' <www.core77.com>, 2006

Womack, J. & Jones, D. Lean Thinking: Banish Waste and Create Wealth in Your Corporation. Simon & Schuster, 2003

Wright, R. Palestra sobre finanças para o MA Design Management, University of the Creative Arts, Surrey, UK, 2007

Young, T. 30 Minutes to Plan a Project. Kogan Page, 1997

Zook, C. Unstoppable: Finding Hidden Assets to Renew the Core and Fuel Profitable Growth. Harvard Business School Press, 2007

Créditos das imagens

Imagens cedidas por cortesia das seguintes empresas e instituições:

Capítulo 1

Co-operative Bank: p.15, p.17
Logotipos: © The Co-operative Bank plc.
<www.co-operativebank.co.uk>
<www.goodwithmoney.co.uk>

Royal Society of Arts: p.19
<www.rsa.org.uk>

Alex Ostrowski: p.19
<www.alexostrowski.com>

PARK Advanced Design Management: p.21
<www.park.bz>

Icebreaker Ltd: p.29, p.33, p.37
<www.icebreaker.com>

Capítulo 2

Royal Mail: p.40
<www.royalmail.com>

Design Museum: p.41
Exterior Shot Photographer, Amelia-Webb; Salt & Pepper Shakers, Design Museum Shop
<www.designmuseumshop.com>

Bell: p.43
Images: © 2008 Bell
<www.belldesign.co.uk>

Ping Pong Design: p.45
<www.pingpongdesign.nl>

Arup Foresight Team: p.45
<www.arup.com>

Smart Design: p.47
Images: courtesy of Smart Design
<www.smartdesignworldwide.com>

Dyson: p.49
<www.dyson.co.uk>

Moliera 2 Boutique, Robert Majkut Design Studio: p.51, p.53
<www.design.pl>

iF (International Forum Design): p.55
<www.ifdesign.de>

Legible London: p.57
<www.legiblelondon.info>

Applied Information Group (AIG): p.57
<www.aiglondon.com>

Nova Design: pp.64–65
<www.e-novadesign.com>

Capítulo 3

mOma Foods Ltd: p.81
<www.momafoods.co.uk>
Imagem 1: cedida por Akemi Kurosaka:
<www.kattstudios.com>
Images 2-5: design
© David Jenkins

British Council: p.84, p.91, p.93
<www.britishcouncil.org>

Navig8: p.84, p.91, p.93
<www.navig8.co.uk>
British Council Annual Report 2007/8 cedido por British Council
(design de Navig8: <navig8.co.uk>)

MAS: p.95, p.96, p.99
<www.masholdings.com>

Capítulo 4

NCHA: p.109, p.113
<www.ncha.org.uk>

Purple Circle: p.109, p.113
<www.purplecircle.co.uk>

Mei Architects: pp.122–123
<www.mei-arch.nl>

Stroom: p.125
<www.stroomrotterdam.nl>

Phelophepa Train: pp.127–129
<www.transnet.co.za/Phelophepa.aspx>

Philip Goad: pp.130–131
Image: © IDEO

Capítulo 5

Porsche: p.139, p.143
<www.porsche.com>

Park Hotels: p.141
<www.theparkhotels.com>

Uniform Design: p.151
<www.uniform.net>

Ping Pong Design: p.153
BKOR logotypes/ Ping Pong Cards cedidos por Ping Pong Design
<www.pingpongdesign.nl>

Brand Union: p.155
<www.thebrandunion.com>

Zipcar: Studio: pp.157–158
Zipcar, Inc. Print Examples – Creative Director: Bob Burns; Designer: Katie Bielawski. Exemplos da web – Creative Director: Bob Burns; Designers: iSite Design, Andrew Lee.
<www.zipcar.com>

Fotografia de Audrey Arbeeny: p.165
© Darian Touhey

Capítulo 6

Tata Motors Limited: p.169
<www.tatamotors.com>

IDEO: p.171
Images: © IDEO
<www.ideo.com>

Acumen Fund: p.171
<www.acumenfund.org>

BAG60, Remigiusz Truchanowicz: pp.172–173
<www.60bag.com>

Design Management Europe Award: p.176
<www.designmanagementeurope.com>

Virgin: pp.176–177
Virgin Atlantic Airways Ltd.
<www.virgin.com>

Samsung: p.179
Imagens: © Samsung Reclaim™ – Samsung Telecommunications America
<www.samsung.com>

Designing Demand, Design Council: p.181
<www.designingdemand.org.uk>

Philips Design, Chulha: pp.184–185
<www.design.philips.com>

Fotografia de Simon May: p.193
© Darren Gee

Agradecimentos

Laura Abrar, Ian Allison, Shoma Amin,
Melanie Andrews, Audrey Arbeeny, Liz Armistead,
Chloe Baird-Murray, Mr D Bali, Matt Barthelemy,
Silke Becker, Peter Best, Garrett Biggs, Krzysztof Bielski,
Duncan Bowker, Corine van Buren-Koopmans,
Fanny Cabanne, Lynn Canham, Vanessa Chang,
Wen-Long Chen, Mercedes Coats, Josh Cohen,
Hilary Collins, Dr Lynette Coetzee, Zoe Cook,
Ann Crawley, Sonja Dahl, Pankaj Dheer, Emma Dormer,
Ange Dunselman-Kunzmann, Tim Fendley, Joe Ferry,
Lucy Fulton, Sarah Gardner, Paul Geraghty, Benn Gibbs,
Lacey Glave, Korinna Gramsch, Gemma Hawkins,
Mark Herbert, Drew at Navig8, Alice Huang,
Beth Hurran, Naoko Iida, Thomas D. Isaacson,
Karolina Johnson, David Johnson, Aldo de Jong,
Maarten Jurriaanse, Ian Kennedy, Mara Kockott,
Michel Kolenbrander, Tom Lockwood, Karin Loglisci,
Robert Malcolm, Kevin McCullagh, John McGill,
Lisa Marsala, Simon May, Colette Meacher, Tom Mercer,
Brian Morris, Ruedi Alexander Müller-Beyeler,
Darragh Murphy, Rachel Netherwood, Jessica Nielsen,
Meike Nip, Anne Odling Smee, Katarzyna Okinczyc,
Patricia Olshan, Alex Ostrowski, Miles Park,
Priya Paul, Nick Perry, Biuro Prasowe, Christo Pretorius,
Rakhi Rajani, Vidhura Ralapanawe, Giles Rollestone,
Lujeanne Roos, Phil Rushton, Michael Slack,
Alex Smith, Annemieke Strous, Hazel Symington,
Rupa Thomas, Tania Thompson, Tata Nano Team,
Remigiusz Truchanowicz, Lindi Tshilingalinga,
Tamsin Valentino, Sorena Veerman, Caroline Walmsley,
Brett White, Simona Zahradnicek, Zoe Zeigler.

200

Lynne Elvins/Naomi Goulder

Trabalhando com ética

Fundamentos de Gestão do Design

ética: consciência/ reflexão/ debate

Nota do Editor

O tema da ética não é novo, embora sua discussão no âmbito das artes visuais aplicadas talvez não seja tão frequente quanto poderia. Nosso propósito aqui é ajudar uma nova geração de estudantes, educadores e profissionais a encontrar uma metodologia que lhes possibilite estruturar seus pensamentos e reflexões nessa área vital.

A editora espera que as páginas desta seção ofereçam uma plataforma de reflexão e um método flexível para incorporar considerações de natureza ética ao trabalho de educadores, estudantes e profissionais. Nossa abordagem compõe-se de quatro partes:

A **introdução** tem por propósito oferecer uma visão geral acessível do cenário ético, tanto em termos de seu desenvolvimento histórico quanto dos principais temas correntes relacionados à ética.

Um **referencial de ética** situa a questão da ética em quatro áreas e suscita perguntas sobre suas possíveis implicações práticas. Marcando sua resposta a cada uma dessas questões na escala mostrada, você poderá explorar posteriormente suas reações mediante comparação.

O **estudo de caso** expõe um projeto real e levanta algumas questões éticas para consideração posterior. Trata-se aqui de um ponto focal para debate, não de uma análise crítica, de modo que não há respostas certas ou erradas predeterminadas.

Uma seleção de **leituras complementares** lhe permitirá examinar áreas de particular interesse em mais detalhes.

Introdução

A ética é um tema complexo que entrelaça a noção de responsabilidade para com a sociedade com uma ampla variedade de considerações relevantes para o caráter e a felicidade do indivíduo. Diz respeito a virtudes como compaixão, lealdade e força, mas também confiança, imaginação, humor e otimismo. Introduzido na filosofia da Grécia Antiga, o problema ético fundamental constrói-se sobre a seguinte questão: *que devo fazer?* O modo como deveríamos perseguir uma vida "boa", uma vida virtuosa, suscita não apenas preocupações de ordem moral sobre as consequências de nossas ações sobre os demais, mas também preocupações de ordem pessoal sobre nossa própria integridade.

Nos tempos modernos, as questões mais importantes e controversas no domínio da ética têm sido as de natureza moral. Com o permanente crescimento das populações e os constantes avanços na mobilidade e nas comunicações, não é de espantar que considerações sobre como estruturar nossas vidas juntos no planeta passem a ocupar o primeiro plano. Tampouco para os artistas visuais e os comunicadores deve causar surpresa o fato de que tais considerações farão parte do processo criativo.

Certas questões éticas já estão consagradas em leis e regulamentações, assim como em códigos de conduta profissional. O plágio e as violações de confidencialidade, por exemplo, constituem ofensas passíveis de punição. A legislação de vários países considera anticonstitucional vedar a portadores de deficiência física o acesso à informação ou aos espaços públicos. O comércio de marfim como matéria-prima foi proibido em muitos países. Nesses casos, pôs-se um ponto final no que é considerado inaceitável.

Entretanto, como a maioria das questões éticas permanece aberta ao debate – entre especialistas e também entre leigos –, no fim das contas temos de fazer nossas escolhas guiados por nossos próprios princípios e valores. Será mais ético trabalhar para uma instituição beneficente do que para uma empresa comercial? Será antiético criar algo que outros considerem feio ou ofensivo?

Questões específicas como essas podem levar a outras questões mais abstratas. Por exemplo, terão importância apenas as consequências que afetam os seres humanos (e aquilo com que se importam), ou também as que afetam o mundo natural exigem atenção?

Promover consequências éticas é justificado mesmo quando impõe sacrifícios éticos ao longo do caminho? Deveria haver uma única teoria unificadora da ética (como a tese utilitarista segundo a qual são sempre corretas as ações que proporcionam a máxima felicidade ao maior número de indivíduos), ou muitos valores éticos diferentes empurrando a pessoa em várias direções?

Conforme tomamos parte no debate ético e nos debatemos com tais dilemas em um nível pessoal e profissional, podemos mudar nossa visão ou nossa visão sobre os outros. O verdadeiro teste, porém, consiste em saber se, à medida que refletimos sobre esses assuntos, mudamos a maneira de agir e a maneira de pensar. Sócrates, o "pai" da filosofia, propôs que as pessoas farão naturalmente o "bem" se souberem o que é certo. Entretanto, tal argumento apenas nos leva a outra questão: *como sabemos o que é certo?*

Um referencial de ética

Você
Quais são as suas crenças éticas?

Fundamental para tudo que você venha a fazer será sua atitude com relação às pessoas e questões que o cercam. Para certos indivíduos, a ética é parte ativa das decisões que tomam diariamente como consumidores, eleitores ou profissionais. Outros podem pensar muito pouco acerca da ética sem que isso os torne automaticamente seres antiéticos. Crenças pessoais, estilos de vida, opiniões políticas, religião, gênero, classe ou educação são todos fatores que podem influenciar a visão ética.

Em uma escala de 1 a 10, abaixo, em que posição você se colocaria? O que levaria em conta ao tomar sua decisão? Compare seus resultados com os de seus amigos ou colegas.

Seu cliente
Quais são os seus termos?

As relações de trabalho são cruciais para determinar se a ética poderá ser incorporada a um projeto, e a conduta que você adota no dia a dia constitui uma demonstração de sua ética profissional. A decisão de maior impacto é, antes de tudo, escolher com que você vai trabalhar. Empresas de cigarro ou comerciantes de armas são exemplos frequentemente citados quando se discute qual seria o limite do tolerável, mas raramente situações reais são tão extremas. O que o levaria a rejeitar um projeto por princípios éticos e até que ponto a realidade de ter de ganhar a vida influencia sua capacidade de escolha?

Em uma escala de 1 a 10, em que posição você colocaria um projeto? Até que ponto ela reflete seu nível ético pessoal?

01 02 03 04 05 06 07 08 09 10

01 02 03 04 05 06 07 08 09 10

Suas especificações
Quais são os impactos de seus materiais?

Em tempos relativamente recentes, constatamos que muitos materiais naturais estão em escassez. Ao mesmo tempo, estamos cada vez mais conscientes de que muitos materiais artificiais, produzidos pelo homem, podem a longo prazo trazer efeitos nocivos para as pessoas e o planeta. Até que ponto você conhece os materiais que utiliza? Sabe de onde vêm, a distância que percorrem e as condições em que foram obtidos? Quando sua criação já não for necessária, será fácil e seguro reciclá-la? Ou ela desaparecerá sem deixar rastro? Tais considerações são de sua responsabilidade ou não lhe competem?

Em uma escala de 1 a 10, marque quão ética é sua escolha dos materiais que utiliza.

Sua criação
Qual é o propósito de seu trabalho?

Entre você, seus colegas e o *briefing* acordado, que resultado sua criação almeja alcançar? Que propósito terá para a sociedade? Prestará uma contribuição positiva? Deverá seu trabalho conquistar algo mais que sucesso comercial ou prêmios da indústria? Poderá sua criação ajudar a salvar vidas, educar, proteger ou inspirar? Forma e função são dois aspectos consagrados da avaliação de uma criação, mas há pouco consenso quanto às obrigações dos artistas e comunicadores visuais para com a sociedade, ou quanto ao papel que poderiam desempenhar na solução de problemas sociais ou ambientais. Caso queira ser reconhecido por sua criação, quão responsável você é por aquilo que cria e onde tal responsabilidade poderia terminar?

Em uma escala de 1 a 10, marque quão ético é o propósito de seu trabalho.

01 02 03 04 05 06 07 08 09 10   01 02 03 04 05 06 07 08 09 10

Trabalhando com ética

Estudo de caso — **Quaker Oats**

Um aspecto da gestão do design que suscita um importante dilema ético é confrontar a necessidade de utilizar o design para o benefício comercial de uma empresa ou cliente com o impacto social ou ambiental dos produtos, serviços ou materiais de comunicação criados. As decisões de design tomadas durante o desenvolvimento inicial de um projeto afetarão o produto por toda a sua vida útil; logo, é nessas fases iniciais que podem ser realizadas as maiores melhorias. No entanto, os gestores de design podem não ter autoridade para mudar um *briefing* de design com o propósito de aprimorar o desempenho ambiental ou a responsabilidade social da empresa, sobretudo se isso exigir dela tempo adicional de pesquisa ou teste ou mais investimentos em novas tecnologias ou materiais. Em vez disso, os resultados podem ser definidos com base nas metas financeiras ou na demanda de consumo. Em vista disso, qual será o papel dos gestores de design: promover um processo de design holisticamente mais responsável ou executar projetos que melhorem tão somente o desempenho da organização?

A Quaker Oats Company foi fundada em 1901, a partir da fusão de vários moinhos de aveia, entre os quais a Quaker Mill Company, de Ohio. A figura do homem em vestes quacres, utilizada como símbolo da empresa, foi inscrita no registro de patentes dos Estados Unidos em 1877, sendo a primeira marca do país registrada para um cereal matinal.

Consta que Henry Seymour, um dos proprietários da empresa, escolheu o nome e a imagem Quaker após ler que os quacres (pessoas pertencentes à Sociedade Religiosa dos Amigos, movimento iniciado no século XVII) representavam a integridade, a honestidade e a pureza. Apesar de não possuir quaisquer vínculos oficiais com o movimento, Seymour percebeu que tais atributos confeririam uma identidade adequada à empresa. No esboço original do logotipo da marca, o "velho da Quaker" aparecia de corpo inteiro segurando um pergaminho onde se lia a palavra "puro".

Em 1881, Henry Crowell comprou a falida Quaker Mill Company e sua marca, lançando no ano seguinte uma campanha publicitária nacional veiculada em revistas para a Quaker Oats. Em 1885, a empresa introduziu a ideia de vender duas libras de cereais em uma caixa de papel limpa apresentando o quaker na frente e instruções de preparo no verso. Isso possibilitou, pela primeira vez, que os consumidores adquirissem o cereal em quantidades pré-embaladas, e não em barris abertos, onde tendia a ser contaminado por insetos e vermes. A Quaker Oats foi também a primeira empresa a apresentar uma receita (de pão de aveia) em sua embalagem.

Em 1927, Crowell (que se tornaria conhecido como "o magnata dos cereais") estabeleceu a Crowell Trust, uma instituição beneficente dedicada ao ensino e à difusão das doutrinas evangélicas. Reputado como grande empresário cristão do século XX, Crowell, segundo dizem, doou mais de 70% de sua considerável fortuna pessoal.

Consta que a associação à empresa cause certo desconforto entre os quakers. Sendo a marca Quaker Oats provavelmente mais conhecida que a Sociedade Religiosa dos Amigos, muitos acreditam que os quakers possuam algum vínculo com a empresa ou que ainda se vistam como o velho do logotipo.

É antiético a Quaker Oats associar-se aos valores quakers sem integrar ou apoiar a Sociedade Quaker?

Combinar estrategicamente design gráfico, publicidade, *branding*, design de embalagem e marketing de modo a chamar a atenção para a Sociedade Quaker seria mais ético do que fazê-lo para vender os produtos Quaker Oats?

Você trabalharia para essa empresa se fosse um Quaker?

O design, em última análise, consiste em criar coisas melhores para as pessoas. Ao longo do caminho, ele também poderá gerar lucros.

Bruce Nussbaum (editor)

Leituras complementares

AIGA
Design Business and Ethics
2007, AIGA

Eaton, Marcia Muelder
Aesthetics and the Good Life
1989, Associated University Press

Ellison, David
Ethics and Aesthetics in European Modernist Literature:
From the Sublime to the Uncanny
2001, Cambridge University Press

Fenner, David E W (Ed)
Ethics and the Arts:
An Anthology
1995, Garland Reference Library of Social Science

Gini, Al and Marcoux, Alexei M
Case Studies in Business Ethics
2005, Prentice Hall

McDonough, William and Braungart, Michael
Cradle to Cradle:
Remaking the Way We Make Things
2002, North Point Press

Papanek, Victor
Design for the Real World:
Making to Measure
1972, Thames & Hudson

United Nations Global Compact
The Ten Principles
www.unglobalcompact.org/AboutTheGC/TheTenPrinciples/index.html